SUPPLÉMENT AU VOYAGE DE BOUGAINVILLE

LES CLASSIQUES D'AUJOURD'HUI

DIDEROT

Supplément au Voyage de Bougainville

Présentation et notes de
Paul-Édouard Levayer

LE LIVRE DE POCHE

ISBN : 978-2-253-13809-9 - 1re publication - LGF

Portrait de Diderot par Garand,
d'après la gravure de Delannoy.

PRÉSENTATION

Le *Supplément au Voyage de Bougainville* est le troisième d'une série de trois textes composés par Diderot en 1772 et conçus comme un ensemble : *Ceci n'est pas un conte, Madame de la Carlière* et le *Supplément au Voyage de Bougainville*. A la fin du *Supplément*, un renvoi explicite aux personnages des deux autres « contes » manifeste cette cohérence et fait apparaître une unité thématique : la désignation et la mise en cause de la dénaturation psychologique et morale, qui rend méchant et malheureux[1].

Ce thème n'est pas neuf : la vieille méfiance chrétienne à l'égard des vanités du monde avait été relayée par une nouvelle critique, instruite par la confrontation avec les peuples récemment découverts : les *Dialogues* de La Hontan en portent témoignage dès 1703 ; les *Discours* de Rousseau, en 1750 puis 1754, radicalisent l'analyse et la dénonciation ; en 1770 enfin la publication de l'*Histoire des deux Indes* par Raynal, nourrie en bonne partie des informations publiées par Prévost dans sa monumentale

---

1. B. — Vous m'avez compris. Tant que nos appétits naturels seront sophistiqués, comptez sur de méchantes femmes.
A. — Comme la Reymer.
B. — Sur des hommes atroces.
A. — Comme Gardeil.
B. — Et sur des infortunés à propos de rien.
A. — Comme Tanié, Mademoiselle de la Chaux, le chevalier Desroches et Madame de la Carlière.

Histoire des voyages (1746-59), décrit la colonisation, les mœurs des peuples « sauvages » et met en question les institutions françaises et européennes.

Le voyage de Bougainville[1] autour du monde (1766-69), dont la relation est publiée en 1771 mais dont l'étape de Tahiti avait donné lieu dès 1769 à un bref mais vibrant éloge de Commerson[2], fournit à Diderot un nouvel élément de comparaison. La simplicité et le bonheur tahitiens lui donnent l'occasion de réaffirmer sa théorie des trois codes (instinct naturel, lois religieuses, lois civiles) et de leur affrontement. Cette théorie, largement développée dans le *Supplément*, sous-tend également deux textes antérieurs de quelques années (*Les Deux Amis de Bourbonne* et l'*Entretien d'un père avec ses enfants*) qui mettent en scène le conflit de la loi avec d'indéniables valeurs : d'un côté, les « deux amis », Félix et Olivier, sont des hors-la-loi malgré leurs grandes qualités personnelles ; de l'autre la découverte d'un testament inique pose un cas de conscience au Père dans l'*Entretien d'un père avec ses enfants*, parce que le sentiment naturel de la justice s'oppose à la justice civile définie par les lois. Comme on l'a dit[3], « si la voix de la nature lui dicte une certaine conduite, et si de surcroît sa raison lui démontre que la loi religieuse et la loi civile sont équivoques et relatives, [le sage] ne peut-il à l'occasion s'autoriser à désobéir délibérément aux lois ? [...] le Philosophe a-t-il le droit de faire en toute conscience et les yeux ouverts ce que font instinctivement et aveuglément des hommes bruts, que des circonstances heureuses ou malheureuses ont maintenus aux lisières de la société civile ? ».

On perçoit la tentation qui s'offre ainsi de lire « en transparence » une dénonciation des sociétés qui se seraient cor-

---

1. Bougainville, qui n'avait son brevet de capitaine de vaisseau que depuis juin 1763, et avait effectué deux missions aux îles Malouines entre septembre 1763 et août 1765, était parti en novembre 1766 sur la frégate *La Boudeuse*, bientôt rejointe par la flûte *L'Étoile* ; après avoir remis les Malouines à l'Espagne, il avait poursuivi son périple autour du globe et rejoint Saint-Malo en mars 1769, avec un Tahitien à son bord. Sur le détail du voyage, voir plus loin le compte rendu fait par Diderot (annexe) et la première partie du *Supplément*. — 2. Commerson, un naturaliste, ami de Jussieu, accompagnait l'expédition. — 3. Introduction de l'édition Dieckmann, Proust, Varloot (Hermann). Nous utiliserons le sigle *DPV* pour la désigner.

rompues à proportion même de leur degré de civilisation et dont les mœurs et les lois seraient devenues extravagantes, au regard de la « nature » dont Tahiti serait le dernier refuge, en sursis. De même, à travers le discours du vieillard, il est tentant de lire la condamnation sans appel du fait colonial [1], prononcée en accord avec une nature muette de réprobation.

Tout cela est bien dans le texte, et la volonté populationniste, et le sentiment familial... Mais des dissonances, voire des contradictions, ne permettent pas de s'en tenir là. Ainsi de la notion de « nature », dont l'usage est très variable. Ici critère de jugement (ce qui est de la nature est bon ; ce qui est artificiel est mauvais), là fourre-tout (« Tout est dans la nature »). A quoi peut donc servir une telle référence ? Qu'est-ce que la nature ? Une hypothétique nature originelle ? Une nature déjà marquée par l'histoire mais supposée proche de cette origine (celle des Tahitiens transmise par Bougainville, remodelée par Diderot et interprétée différemment suivant les locuteurs) ? ou la nature « dénaturée » contemporaine de Diderot, qui nous amène à la nôtre ? Ce type de question nous interdit une réponse toute faite. Elle oblige à la réflexion et ce n'est pas là son moindre mérite. Si la nature parle, elle dit tout et il reste à l'interpréter. On sait qu'en fonction des points de vue, des lieux des circonstances, les conclusions changent, même si « l'utilité particulière et le bien général » restent les pierres de touche du jugement. Ainsi le point de vue sur la sexualité exprimé par Bordeu dans la troisième partie du *Rêve de d'Alembert (Suite de l'Entretien)* juge naturelles et bénéfiques des pratiques condamnées aussi bien par les codes civil et religieux de son temps que par le code « naturel » des Tahitiens. Le texte doit donc être perçu plus comme une interrogation obligeant à la pensée critique que comme un corps de doctrine fournissant des réponses [2].

En outre le caractère philosophique du texte ne doit pas nous faire oublier qu'il ne s'agit pas d'un traité mais d'un

---

1. Se reporter à Yves Benot : *De l'athéisme à l'anticolonialisme*, Maspero, 1970. — **2.** Sur le caractère polyphonique du *Supplément* et la difficulté de sa lecture, voir en particulier l'article de G. Benrekassa : « Dit et non-dit idéologique... ».

ouvrage de fiction. Composite, greffé sur un autre discours (celui du *Voyage* de Bougainville) qu'il cite parfois et dont il emprunte l'information elle-même non dégagée d'un point de vue (comment en serait-il autrement ?) et d'une idéologie, mais dont il s'éloigne parfois jusqu'au contrepied, le *Supplément* réutilise de nombreux fragments détachés d'autres textes, en particulier de la *Correspondance littéraire* ou de l'*Histoire des deux Indes*.

Mettant en scène des personnages fort différents les uns des autres, Diderot ne peut être identifié à aucun d'entre eux : ni A, ni B, ni vieillard, ni aumônier, ni Orou, sans oublier le narrateur qui intervient parfois et n'est pas plus que les autres Diderot, mais une voix dans un concert pas si concertant que cela.

Enfin Diderot est un écrivain qui aime la jouissance, aussi, de l'écriture. Il aime raconter, piéger son lecteur dans les mirages d'une histoire, mais aussi jouer avec lui de cette situation (en la désignant, en créant une frustration...). Si *Jacques le Fataliste* fournit de nombreux exemples de ces aller-retour ludiques, on en trouve un autre au début (et dans le titre même) de *Ceci n'est pas un conte*. Dans le *Supplément* affleurent aussi par moments cette ironie sur soi-même et les autres, cet appel à la complicité du lecteur, ce goût du paradoxe et de la formule intrigante qui rappellent la conversation des salons ou la conversation de sa correspondance, et dont l'effet, sinon la fonction, est une mise à distance de la thèse qui s'esquisse en même temps qu'une respiration de l'écriture[1].

La conclusion affichée du texte peut bien être celle de la conformité pour ne pas dire du conformisme social ; l'intérêt des questionnements subsiste, et leur utilité en vue d'une réforme des lois... dont en attendant il ne faut pas s'affranchir On lit dans les *Pensées détachées*, ch. IV, « Sur les nations sauvages » : « Sans doute il est important aux générations futures de ne pas perdre le tableau de la vie et des

---

1. Que l'ironie soit, comme l'indique l'étymologie du mot, une mise en question et que Diderot la manie avec dextérité, quelle meilleure preuve que l'épisode de l'aumônier, sollicité de leur faire un enfant par les filles d'Orou, cédant tout en protestant de sa religion et finissant par s'exécuter aussi avec la femme de son hôte, « par honnêteté » (voir p. 55-56 et note 2, p. 80) ?

mœurs des sauvages. C'est, peut-être, à cette connaissance que nous devons tous les progrès que la philosophie morale a faits parmi nous. Jusqu'ici les moralistes avaient cherché l'origine et les fondements de la société dans les sociétés qu'ils avaient sous les yeux [...]. Mais depuis qu'on a vu que les institutions sociales ne dérivaient ni des besoins de la nature ni des dogmes de la religion, puisque des peuples innombrables vivaient indépendants et sans culte, on a découvert les vices de la morale et de la législation dans l'établissement des sociétés. » Rousseau n'attend pas non plus de ses critiques autre chose qu'un point de vue à partir duquel il soit possible de penser autrement la société, préalable indispensable pour sa réforme.

Note sur la présente édition

A l'exemple de *DPV*, de H. Dieckmann ou de G. Chinard, nous avons suivi, parmi les diverses versions du *Supplément*, l'excellente copie de Léningrad, due à Girbal. Nous n'avons pas signalé les variantes à quelques rares exceptions près, que nous expliquons en note. Sur ces questions de copies et pour disposer de toutes les variantes, il convient de se reporter à l'édition *DPV*.

En annexe, nous joignons :

1. Le *Voyage autour du monde*, compte rendu que Diderot avait rédigé pour publication dans la *Correspondance littéraire* de Grimm mais qui n'avait pas été publié et dont le texte, remanié, constitue l'essentiel de la première partie du *Supplément*. On pourra comparer les deux moutures avec intérêt ;

2. Un extrait de l'*Histoire philosophique et politique des deux Indes* de l'abbé Raynal, publiée en 1770 et maintes fois rééditée. Diderot y a amplement contribué (surtout dans la réédition de 1780).

3. La description de Tahiti par Commerson, le naturaliste qui accompagnait Bougainville et qui, plus que Bougainville, a contribué au mythe de la Nouvelle Cythère.

BIBLIOGRAPHIE

L'édition de référence, comportant les variantes et un riche appareil de notes, est celle que publie, chez Hermann, un collectif de chercheurs sous la direction de MM. Dieckmann, Proust et Varloot *(DPV)*. Le *Supplément au Voyage de Bougainville* figure dans le tome 12 en compagnie des contes auxquels il est lié, et précédé de deux excellents textes introductifs.

La biographie de référence est la monumentale synthèse de Arthur WILSON : *Diderot. Sa vie et son œuvre*, coll. Bouquins, Laffont, 1985.

Notre édition de référence pour le *Voyage autour du monde* de Bougainville est celle qu'a établie Jacques Proust pour la collection Folio (Gallimard). Elle est précédée d'une très riche introduction. Nous y renverrons par la simple appellation *Voyage*, suivie du folio.

BENOT Yves : *De l'athéisme à l'anticolonialisme*, Maspero, 1970, rééd. 1981.

BENREKASSA Georges : « Dit et non-dit idéologique à propos du *Supplément au Voyage de Bougainville* », in *Dix-huitième siècle*, n°5, 1973, pp. 29-40.

Bibliographie

CHINARD Gilbert : *L'Amérique et le rêve exotique dans la littérature française au XVIIe et au XVIIIe siècle*, Paris, Droz, 1934.

DUCHET Michèle : « Bougainville, Raynal, Diderot et les sauvages du Canada », *Revue d'histoire littéraire de la France*, avril 1963, pp. 228-236.

DUCHET Michèle : *Anthropologie et histoire au siècle des Lumières*, Maspero, 1971.

LA HONTAN : *Dialogues avec un sauvage* (1703), Ed. sociales, 1973. Désignés par *ES* et le folio.

LA HONTAN : *Dialogues de M. le baron La Hontan et d'un sauvage* (1703), Desjonquères, 1992.

Abbé RAYNAL : *Histoire philosophique et politique des deux Indes*, (1770, nombreuses rééditions dont celle enrichie de nombreux textes polémiques de Diderot en 1780), extraits publiés chez Maspero-La Découverte, 1981. Désignée *HDI* et le folio.

TAILLEMITE Étienne : *Bougainville et ses compagnons autour du monde (1766-1769), Journaux de navigation*, Paris, Imprimerie nationale, 1977, 2 vol. Désigné par *Journal* suivi du tome et du folio.

Sur les missions jésuites comme pour le mythe de Tahiti, on pourra consulter, dans la collection La Découverte (Gallimard), le petit volume consacré par Georges JEAN aux *Voyages en utopie* (n° 200). Dans la même collection, *Sur des mers inconnues* d'Étienne TAILLEMITE permet de situer le voyage de Bougainville parmi les autres.

REPÈRES CHRONOLOGIQUES

1713 — Naissance de Denis Diderot à Langres, le 5 octobre. Toute sa vie il gardera admiration et tendresse pour son père, un maître coutelier aisé, de grande rigueur morale.

1715 — Mort de Louis XIV et début de la Régence qui durera jusqu'en 1723. Élève des jésuites à Langres puis à Paris au lycée Louis le Grand, Diderot est reçu maître ès arts en 1732, mais renonce très vite à une carrière juridique, et mène jusqu'en 1740 une vie de bohème dont on connaît peu de choses.

1742 — Rencontre et amitié avec Rousseau (jusqu'à la brouille de 1757 et la rupture de 1758).

1743 — Faute de l'autorisation de son père, Diderot épouse secrètement en novembre Anne-Toinette Champion.

1746 — *Pensées philosophiques.*

1747 — *Promenade du sceptique.*

1748 — *Les Bijoux indiscrets.*

1749 — *Lettre sur les aveugles* qui entraîne l'emprisonnement à Vincennes (juillet à novembre).

1750 — Amitié liée avec Grimm et d'Holbach. « Prospectus » de l'*Encyclopédie*. Un volume de l'*Encyclopédie* paraît chaque année de 1751 à 1757.

1753 — Naissance de Marie-Angélique Diderot, quatrième enfant mais seule survivante.

1754 — *Pensées sur l'interprétation de la nature.* Tremblement de terre de Lisbonne.

1756 — Début de la correspondance avec Sophie Volland. *Lettre à Landois sur le déterminisme et le fondement de la morale.*

1756 -1763 — Guerre de Sept Ans.

1757 — Publication du *Fils naturel* (joué en 1771) et des *Entretiens avec Dorval*. Attentat de Damiens contre Louis XV.

1758 — Publication du *Père de famille* et du *Discours sur la poésie dramatique*. D'Alembert quitte *L'Encyclopédie.*

1759 — Condamnation de l'*Encyclopédie*. Mort du père de Diderot. Le premier *Salon* est publié dans la *Correspondance littéraire* de Grimm. Diderot rédigera régulièrement jusqu'en 1771 le compte rendu des Salons de peinture et de sculpture, qui se tiennent tous les deux ans.

1760 — Rédaction de *La Religieuse* (révisée en 1780 et publiée en 1796).

1762 — Interdiction des jésuites en France. Ébauche du *Neveu de Rameau*, qui sera retravaillé plusieurs fois (1773, 1777) et publié seulement en 1823.

1763 — Publication de l'*Éloge de Richardson*.

1766 — Les dix derniers volumes (VIII à XVII) de l'*Encyclopédie* sont livrés aux souscripteurs.

Fin 1766-début 1769 — Tour du monde de Bougainville.

1769 — Rédaction de l'*Entretien entre d'Alembert et Diderot*, du *Rêve de d'Alembert* et de la *Suite de l'Entretien.*

1770 — Première édition de l'*Histoire des deux Indes* de Raynal.

1770 -1771 — Rédaction des *Deux Amis de Bourbonne* et de l'*Entretien d'un père avec ses enfants*. Première rédaction de *Jacques le Fataliste.*

1772 — *Essai sur les femmes*, *Ceci n'est pas un conte*, *Madame de la Carlière*, préparation du *Supplément au Voyage de Bougainville* qui sera publié fin 1773 puis sous une forme remaniée début 1774.

1773-1774 — Voyage en Russie.

1774 — Mort de Louis XV. Début du règne de Louis XVI. *Réfutation d'Helvétius, Voyage en Hollande, Entretiens* *d'un philosophe avec la Maréchale de**, *La Politique des souverains*, *Le Paradoxe sur le comédien* (remanié en 1778).

1776 — Déclaration d'indépendance des colonies américaines.

1778 — Mort de Voltaire et de Rousseau. Publication de *Jacques le Fataliste* dans la *Correspondance littéraire*, et de l'*Essai sur la vie de Sénèque* (qui, remanié, deviendra en 1779 *Essai sur les règnes de Claude et de Néron*).

1780 — Nouvelle édition de l'*Histoire des deux Indes* de Raynal, enrichie de nombreuses et vigoureuses contributions de Diderot.

1784 — Mort de Diderot.

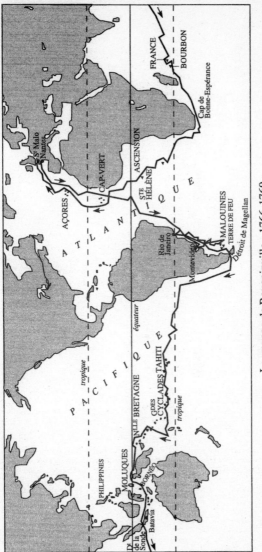

Le voyage de Bougainville - 1766-1769

SUPPLÉMENT AU VOYAGE DE BOUGAINVILLE

ou

Dialogue entre A et B
sur l'inconvénient d'attacher des idées morales
à certaines actions physiques qui n'en comportent pas

At quanto meliora monet, pugnantiaque istis,
Dives opis Natura suae, tu si modo recte
Dispensare velis, ac non fugienda petendis
Immiscere ! Tuo vitio rerumne labores,
Nil referre putas ?

Horat., *Sat.*, Lib. I, sat. II, vers 73 *et seq.* [1]

---

1. Ah ! que la nature, toujours riche de son propre fonds, s'explique d'une manière bien opposée ! Si vous voulez vous servir de ses biens comme elle l'ordonne, et ne pas confondre ce qu'on doit chercher avec ce qu'on doit fuir, vous imaginez-vous qu'il n'y ait point de différence entre manquer par votre seule faute, parce que vous ne voulez pas vous servir des choses que vous avez, et manquer par la faute des choses que vous n'avez pas ? » Horace, *Satires*, Livre I, satire 2., vers 73 et suivants ; traduction (avec remarques critiques et historiques) de M. Dacier, 5e éd. revue et corrigée, 1738. Parmi les notes qui accompagnent ce passage, on trouve : « *Dives opis natura suae* : Ce passage est admirable : la nature est assez riche de son propre fonds, sans qu'elle emprunte rien d'étranger. Les richesses de la nature sont la beauté, la belle taille, l'embonpoint, et c'est ce qu'elle demande. Les grands noms, la qualité, les honneurs sont des biens de la fortune, et c'est ce que la nature ne demande point. Elle se contente de ce qui lui convient, tout le reste lui est à charge. »

I

JUGEMENT DU VOYAGE DE BOUGAINVILLE

A — Cette superbe voûte étoilée sous laquelle nous revînmes hier et qui semblait nous garantir un beau jour, ne nous a pas tenu parole.

B — Qu'en savez-vous ?

A — Le brouillard est si épais qu'il nous dérobe la vue des arbres voisins.

B — Il est vrai ; mais si ce brouillard qui ne reste dans la partie inférieure de l'atmosphère que parce qu'elle est suffisamment chargée d'humidité, retombe sur la terre ?

A — Mais si au contraire il traverse l'éponge [1], s'élève et gagne la région supérieure où l'air est moins dense et peut, comme disent les chimistes, n'être pas saturé ?

B — Il faut attendre [2].

A — En attendant, que faites-vous ?

B — Je lis.

---

1. Métaphore pour désigner l'atmosphère chargée d'eau comme une éponge. — 2. *Madame de la Carlière*, le conte qui précède le *Supplément* dans le triptyque des « trois contes » rédigés en 1772, commence également par un préambule atmosphérique. Il se termine par un regard vers le ciel (« voilà le jour qui tombe et la nuit qui s'avance avec ce nombreux cortège d'étoiles que je vous avais promis ») ; la mention « hier » de la première phrase assure un lien entre les contes et fournit une pseudo-chronologie rappelant les recueils de contes (*Mille et Une Nuits, Décaméron, Heptaméron...*).

A — Toujours ce Voyage de Bougainville[1] ?

B — Toujours.

A — Je n'entends rien[2] à cet homme-là. L'étude des mathématiques qui suppose une vie sédentaire a rempli le temps de ses jeunes années ; et voilà qu'il passe subitement d'une condition méditative et retirée au métier actif, pénible, errant et dissipé de voyageur.

B — Nullement ; si le vaisseau n'est qu'une maison flottante, et si vous considérez le navigateur qui traverse des espaces immenses, resserré et immobile dans une enceinte assez étroite, vous le verrez faisant le tour du globe sur une planche, comme vous et moi le tour de l'univers sur notre parquet[3].

A — Une autre bizarrerie apparente, c'est la contradiction du caractère de l'homme et de son entreprise. Bougainville a le goût des amusements de la société. Il aime les femmes, les spectacles, les repas délicats. Il se prête au tourbillon du monde d'aussi bonne grâce qu'aux inconstances de l'élément sur lequel il a été ballotté[4]. Il est aimable et gai. C'est un véritable Français, lesté d'un bord[5] d'un

---

1. Bougainville (1729-1811) avait quitté Nantes en novembre 1766 et rejoint Saint-Malo en mars 1769 au terme de son périple. Son récit de voyage, publié en mai 1771, fut sans doute lu au cours de l'été 1771 par Diderot qui en fit un compte rendu pour la *Correspondance littéraire* de Grimm. Ce texte n'ayant pas été publié, Diderot le reprend en le transformant pour composer cette première partie du *Supplément* (cf. ce texte en annexe). — 2. Je ne *comprends* rien... Pour piquer la curiosité de son lecteur, comme il est fréquent en début de conte, Diderot oppose de manière frappante (excessive et paradoxale) l'immobilité méditative de sa jeunesse à l'agitation aventureuse de sa maturité. Et « oublie » que, de 1756 à 1760, Bougainville a participé comme aide de camp de Montcalm aux campagnes militaires au Canada. — 3. Comparant l'espace restreint de la cabine du navire avec celui d'une chambre, Diderot rapproche astucieusement la situation du philosophe en chambre et celle de l'explorateur ; mais il occulte ainsi tout ce qu'entraîne la réalité non imaginaire du voyage, qui occupe une part importante de la relation de Bougainville. Dans son compte rendu (voir en annexe), Diderot avait choisi une autre image et comparé l'espace limité du vaisseau — planche « parcourant les mers » — à celui de la terre (sur laquelle les hommes sont confinés) parcourant « les plages de l'univers ». — 4. La comparaison du « monde » (la vie mondaine avec la variété de ses amusements et son inconstance) et de la mer est préparée par le terme de « tourbillon ». A l'inverse, l'inconstance qui caractérise ici la mer est en général appliquée au domaine moral. — 5. Chargé d'un côté ; emploi métaphorique du lexique des navigateurs.

Le navigateur Louis-Antoine de Bougainville (1729-1811).
Gravure du XVIIIe siècle.

Traité de calcul différentiel et intégral [1], et de l'autre d'un Voyage autour du globe.

B — Il fait comme tout le monde : il se dissipe après s'être appliqué, et s'applique après s'être dissipé.

A — Que pensez-vous de son Voyage [2] ?

B — Autant que j'en puis juger sur une lecture assez superficielle, j'en rapporterais l'avantage à trois points principaux. Une meilleure connaissance de notre vieux domicile [3] et de ses habitants ; plus de sûreté sur des mers qu'il a parcourues la sonde [4] à la main ; et plus de correction dans nos cartes géographiques. Bougainville est parti avec les lumières nécessaires et les qualités propres à ses vues : de la philosophie, du courage, de la véracité, un coup d'œil prompt qui saisit les choses et abrège le temps des observations ; de la circonspection, de la patience, le désir de voir, de s'éclairer et d'instruire, la science du calcul, des mécaniques, de la géométrie, de l'astronomie, et une teinture suffisante d'histoire naturelle [5].

A — Et son style ?

B — Sans apprêt, le ton de la chose ; de la simplicité et de la clarté, surtout quand on possède la langue des marins [6].

---

1. Bougainville, mathématicien comme l'a rappelé Diderot, avait publié en deux volumes un *Traité de calcul intégral pour servir de suite à l'analyse des infiniment petits de M. le Marquis de l'Hôpital* (Paris, 1754-1756). — 2. On le voit, les rôles ont été distribués entre A et B : A est le lecteur, naïf, questionnant tandis que B sait, informe, décide, juge... (Ce qui n'empêchera pas A d'avoir à l'issue du texte le mot de la fin.) — 3. La terre. — 4. Cordelette lestée d'un plomb qui permet de mesurer la profondeur de la mer et d'éviter de heurter le fond. Le tracé plus précis des côtes et les relevés de profondeur sont les conditions d'une navigation plus sûre. Bougainville se plaint par exemple de « n'avoir aucune carte fidèle » des Moluques, parce que ceux qui les connaissent le mieux, les Hollandais, « prennent les plus grandes précautions pour tenir secrètes [leurs] cartes » afin de dissuader les concurrents et que « toutes les cartes maritimes françaises de cette partie sont pernicieuses. Elles sont inexactes non seulement dans les gissements des côtes et îles, mais même dans des latitudes essentielles » *(Voyage,* p. 386). — 5. Ce portrait du voyageur donne une idée assez juste de l'homme des « lumières » : expérimentateur instruit et audacieux, il collecte de nouvelles informations, les organise et les divulgue. — 6. Certains des lecteurs de Bougainville sont gênés par son vocabulaire nautique ; ainsi l'abbé Galiani exprime dans une lettre à Mme d'Epinay son regret de ce qu'il appelle un « patois marin ». Le développement des sciences, la nécessité d'éviter les ambiguïtés conduisent au cours du XVIIIe siècle à une transformation de la langue dont témoigne abondamment l'*Histoire de la langue française* de Ferdinand Brunot (réed. 1966, A. Colin). La réhabilitation des termes techniques, liés aux métiers, participe de cette recherche du mot propre. Pour les rendre accessibles aux lecteurs non spécialistes, les auteurs accompagnaient parfois leurs ouvrages d'un petit lexique. Ainsi Bernardin de Saint-Pierre inclut dans son *Voyage à l'île de France* l'*Explication de quelques termes de marine.*

A — Sa course a été longue ?

B — Je l'ai tracée sur ce globe. Voyez-vous cette ligne de points rouges ?

A — Qui part de Nantes ?

B — Et court jusqu'au détroit de Magellan, entre dans la mer Pacifique, serpente entre ces îles qui forment l'archipel immense qui s'étend des Philippines à la Nouvelle Hollande [1], rase Madagascar, le cap de Bonne Espérance, se prolonge dans l'Atlantique, suit les côtes d'Afrique, et rejoint l'une de ses extrémités à celle d'où le navigateur s'est embarqué.

A — Il a beaucoup souffert ?

B — Tout navigateur s'expose et consent de s'exposer aux périls de l'air, du feu, de la terre et de l'eau ; mais qu'après avoir erré des mois entiers entre la mer et le ciel, entre la mort et la vie, après avoir été battu des tempêtes, menacé de périr par naufrage, par maladie, par disette d'eau et de pain, un infortuné vienne, son bâtiment fracassé, tomber expirant de fatigue et de misère aux pieds d'un monstre d'airain [2] qui lui refuse ou lui fait attendre impitoyablement les secours les plus urgents, c'est une dureté !...

A — Un crime digne de châtiment.

B — Une de ces calamités sur laquelle le voyageur n'a pas compté.

A — Et n'a pas dû compter. Je croyais que les puissances européennes n'envoyaient pour commandants dans leurs possessions d'outre-mer que des âmes honnêtes, des hommes bienfaisants, des sujets remplis d'humanité et capables de compatir...

B — C'est bien là ce qui les soucie !

A — Il y a des choses singulières dans ce Voyage de Bougainville.

B — Beaucoup.

---

1. Il s'agit de l'archipel des Moluques. L'*Encyclopédie* définit la Nouvelle Hollande « un vaste pays des terres australes au sud de l'île de Timor, en deçà et au-delà du tropique du capricorne ». — 2. La dramatisation pathétique de Diderot fait allusion aux difficultés rencontrées par les Espagnols et les Français (alors leurs alliés) venus relâcher à Rio de Janeiro, en territoire portugais (le Brésil). Le Portugal est alors en état de guerre avec l'Espagne, ce qui explique le comportement du comte d'Acunha, vice-roi du Brésil.

A — N'assure-t-il pas que les animaux sauvages s'approchent de l'homme, et que les oiseaux viennent se poser sur lui, lorsqu'ils ignorent le péril de cette familiarité[1] ?

B — D'autres l'avaient dit avant lui.

A — Comment explique-t-il le séjour de certains animaux dans des îles séparées de tout continent par des intervalles de mer effrayants ? Qui est-ce qui a porté là le loup, le renard, le chien, le cerf, le serpent ?

B — Il n'explique rien, il atteste le fait[2].

A — Et vous, comment l'expliquez-vous ?

B — Qui sait l'histoire primitive de notre globe ? combien d'espaces de terre maintenant isolés, étaient autrefois continus ? Le seul phénomène sur lequel on pourrait former quelque conjecture, c'est la direction de la masse des eaux qui les a séparés.

A — Comment cela ?

B — Par la forme générale des arrachements[3]. Quelque jour nous nous amuserons de cette recherche, si cela nous convient. Pour ce moment, voyez-vous cette île qu'on appelle des *Lanciers*[4] ? A l'inspection du lieu qu'elle occupe sur le globe, il n'est personne qui ne se demande : Qu'est-ce qui a placé là des hommes ? Quelle communication les liait autrefois avec le reste de leur espèce ? Que deviennent-ils en se multipliant sur un espace qui n'a pas plus d'une lieue de diamètre ?

---

1. Bougainville : *Voyage* ,1ʳᵉ partie, chap. 3, p. 81. Au chapitre II (« Animal ») de ses *Éléments de physiologie*, Diderot s'appuie entre autres sur Bougainville pour affirmer : « La brebis transmet la frayeur du loup à l'agneau ; la poule au poussin celle de l'épervier ; cela est si vrai que quand l'animal n'a pas été vu, il n'est craint ni de de la mère ni du petit (Christophe Colomb, Bougainville, et les voyageurs des îles inhabitées). » — **2.** Bougainville se pose même la question à propos d'une espèce inconnue qu'il appelle le « loup-renard » : « Comment a-t-il été transporté sur les îles ? » (*Voyage*, 1ʳᵉ partie, chap. 4, p.98). — **3.** Dom Pernety dans son *Histoire d'un voyage aux îles Malouines* (Paris, 1770) avait déjà formulé cette hypothèse de l'arrachement des îles malouines à la masse continentale de l'Amérique du Sud. Le traducteur anglais du *Voyage* de Bougainville ayant évoqué la possibilité du transport des animaux sur des glaces flottantes, Bougainville précisa dans la deuxième édition (1772) qu'il n'y en avait pas aux environs des Malouines. — **4.** Ainsi nommée par Bougainville, qui ne peut y aborder sans risquer de briser les bateaux, elle porte aujourd'hui le nom de Akiaki. Étonné de la présence d'indigènes, Bougainville pose la question : « Qui me dira comment ils ont été transportés jusqu'ici, quelle communication lie à la chaîne des autres êtres, et ce qu'ils deviennent en se multipliant sur une île qui n'a pas plus d'une lieue de diamètre ? » (*Voyage*, p. 216).

A — Ils s'exterminent et se mangent ; et de là peut-être une première époque très ancienne et très naturelle de l'anthropophagie [1], insulaire d'origine.

B — Ou la multiplication y est limitée par quelque loi superstitieuse : l'enfant y est écrasé dans le sein de sa mère foulée sous les pieds d'une prêtresse [2].

A — Ou l'homme égorgé expire sous le couteau d'un prêtre. Ou l'on a recours à la castration des mâles...

B — A l'infibulation [3] des femelles ; et de là tant d'usages d'une cruauté nécessaire et bizarre, dont la cause s'est perdue dans la nuit des temps et met les philosophes à la torture. Une observation assez constante, c'est que les institutions surnaturelles et divines se fortifient et s'éternisent en se transformant à la longue en lois civiles et nationales, et que les institutions civiles et nationales se consacrent et dégénèrent en préceptes surnaturels et divins [4].

A — C'est une des palingénésies [5] les plus funestes.

B — Un brin de plus qu'on ajoute au lien dont on nous serre.

A — N'était-il pas au Paraguai au moment même de l'expulsion des jésuites ?

B — Oui.

A — Qu'en dit-il ?

B — Moins qu'il n'en pourrait dire, mais assez pour

---

1. Dans ses *Pensées détachées*, Diderot fait également de l'anthropophagie un moyen parmi d'autres de limiter la population : « C'est dans [les îles] que sont nées cette foule d'institutions bizarres qui mettent des obstacles à la population : l'anthropophagie, la castration des mâles, l'infibulation des femelles, les mariages tardifs, la consécration de la virginité, l'estime du célibat, les châtiments exercés contre les filles qui se hâtaient d'être mères, les sacrifices humains. » — **2.** Montesquieu, qui tire son information du *Recueil des voyages qui ont servi à l'établissement de la compagnie des Indes* publié au début du XVIIIᵉ siècle, écrit également dans *l'Esprit des lois* (Livre XXIII, chap. 16) qu'à Formose, les femmes ne peuvent avoir d'enfants avant trente-cinq ans ; « avant cet âge, la prêtresse leur foule le ventre et les fait avorter ». — **3.** Opération qui consiste à empêcher l'usage du sexe en faisant passer un anneau ou une agrafe (fibule) à travers le prépuce chez l'homme ou les petites lèvres chez la femme, ou en cousant partiellement ces lèvres. Cette pratique n'a pas disparu. — **4.** Diderot manifeste ainsi son « matérialisme » en rapportant le divin à l'histoire. L'examen des variantes (« préceptes » au lieu de « principes », « lien dont *on* nous serre » au lieu de « qui nous serre ») montre que cette version désigne des bénéficiaires, ceux qui, princes ou prêtres, utilisent ces héritages culturels pour renforcer leur pouvoir. — **5.** Nouvelle naissance ; ici la métamorphose et le recyclage des anciennes pratiques.

Réception d'Européens à Tahiti au temps de Diderot.
Gravure du XVIIIᵉ siècle.

nous apprendre que ces cruels Spartiates [1] en jaquette noire [2] en usaient avec leurs esclaves indiens comme les Lacédémoniens avec les ilotes [3], les avaient condamnés à un travail assidu, s'abreuvaient de leurs sueurs, ne leur avaient laissé aucun droit de propriété, les tenaient sous l'abrutissement de la superstition, en exigeaient une vénération profonde, marchaient au milieu d'eux un fouet à la main et en frappaient indistinctement tout âge et tout sexe. Un siècle de plus et leur expulsion devenait impossible ou le motif d'une longue guerre entre ces moines et le souverain dont ils avaient secoué peu à peu l'autorité [4].

---

1. Diderot désigne ainsi les jésuites. Sparte (ou Lacédémone) était, dans la Grèce ancienne, réputée pour l'austérité de ses coutumes et la rigueur de ses lois. La monnaie d'or et d'argent en était proscrite ainsi que toute forme de luxe ; la propriété y était en partie commune. — 2. « On appelle jaquette tout vêtement d'enfant ou de religieux qui descend jusqu'aux pieds, sous lequel le corps est nu et qui ne couvre pas un autre vêtement » (*Encyclopédie*). — 3. Esclaves dans la société spartiate. — 4. Le chapitre VII de la 1ᵉ partie du *Voyage* s'intitule « Détails sur les missions du Paraguai et l'expulsion des jésuites de cette province ». Dans le cadre de leur activité de missionnaires et pour protéger les indiens contre les razzias d'esclaves, les jésuites avaient obtenu du roi d'Espagne Philippe III, au début du XVIIᵉ siècle, le droit de fonder un état autonome dans la région du Parana et du Paraguay. Organisant les indigènes guaranis en villages (ou « réductions ») de plusieurs milliers de personnes, construits de manière très régulière et fonctionnant sur un mode communautaire, les jésuites avaient paru réaliser une utopie proche de celles de Platon et de la Renaissance. Mais en 1750 un traité colonial entre les rois d'Espagne et du Portugal abandonna une partie de l'état jésuite au Portugal. Les troupes Guarani résistèrent et battirent les troupes espagnoles et portugaises. En représailles, les jésuites furent expulsés en 1759 de tous les territoires portugais ; en 1767, l'Espagne les expulsa à son tour. C'est à ce moment que Bougainville fit escale à Montevideo sur le Rio de La Plata. Sur l'expérience ainsi réalisée, les avis ont divergé. Bougainville, au demeurant tributaire de ses sources, espagnoles et partisanes, est critique, en particulier de l'ennui sécrété par « une uniformité de travail et de repos » tout en rappelant qu'avant d'avoir reçu ces nouvelles informations, il aurait « cité les lois des missions comme le modèle d'une administration faite pour donner aux humains le bonheur et la sagesse ». Diderot lui-même, ici sévère, comme dans son ajout à l'*Histoire des deux Indes* qui s'inspire de Bougainville (*HDI*, p. 139-141) écrit ailleurs : « Si quelqu'un doutait [des] heureux effets de la bienfaisance et de l'humanité sur les peuples sauvages, qu'il compare les progrès que les jésuites ont faits en très peu de temps dans l'Amérique méridionale avec ceux que les armes et les vaisseaux de l'Espagne et du Portugal n'ont pu faire en deux siècles. Tandis que des milliers de soldats changeaient deux grands empires policés en déserts de sauvages errants, quelques missionnaires ont changé de petites nations errantes en plusieurs grands peuples policés » (*Pensées détachées*, ch. IV, « Sur les nations sauvages ».) Voir dans *HDI* (pp. 127-141) les chapitres consacrés par Raynal et Diderot (partiellement contradictoires entre eux) à la question des missions au Paraguay.

A — Et ces Patagons[1] dont le docteur Maty et l'académicien La Condamine ont tant fait de bruit[2] ?

B — Ce sont de bonnes gens qui viennent à vous et qui vous embrassent en criant, *chaoua*, forts, vigoureux, toutefois n'excédant pas la hauteur de cinq pieds cinq à six pouces, n'ayant d'énorme que leur corpulence, la grosseur de leur tête et l'épaisseur de leurs membres[3].

A — Né avec le goût du merveilleux qui exagère tout autour de lui, comment l'homme laisserait-il une juste proportion aux objets, lorsqu'il a pour ainsi dire à justifier le chemin qu'il a fait et la peine qu'il s'est donnée pour les aller voir au loin[4] ? Et des sauvages[5], qu'en pense-t-il ?

---

1. Ces indiens rencontrés dans les parages de la Terre de Feu avaient été décrits comme des géants de huit à neuf pieds de haut (2m 50 et plus) par le capitaine anglais Byron. Bougainville et ses compagnons n'avaient pour leur part vu que des hommes « d'une belle taille » mais ne dépassant pas six pieds (un peu plus d'1m 80). Un débat passionné s'en était suivi entre marins et savants de France et d'Angleterre. Après confrontation des divers témoignages, Buffon avait fini par admettre, dans une addition de 1777 au chapitre « Variétés dans l'espèce humaine » du traité *De l'Homme*, la possibilité qu'existât une race de géants parmi les Patagons. Les Patagons avaient été idéalisés et serviaient, comme le feront les Tahitiens, à accréditer l'idée qu'il existait des « hommes de la nature ». — 2. Le docteur Maty, secrétaire de la Société royale de Londres, avait défendu avec vigueur la thèse du gigantisme des Patagons. La Condamine est un savant français qui avait séjourné longtemps en Amérique du Sud et qui aida Bougainville dans son enquête auprès d'Aotourou (voir note 5, p. 35) sur les mœurs, les croyances et la langue des Tahitiens. [...] — 3. « Ils nous serraient entre leurs bras, répétant à tue-tête chaoua, chaoua...[...]. Ce qu'il ont de gigantesque, c'est leur énorme carrure, la grosseur de leur tête, et l'épaisseur de leurs membres. Ils sont robustes et bien nourris, leurs nerfs sont tendus, leur chair est ferme et soutenue, c'est l'homme qui, livré à la nature et à un aliment plein de sucs, a pris tout l'accroissement dont il est susceptible » *(Voyage*, p. 162-164). Diderot suit sa source de très près. — 4. Diderot reprend, contre la thèse du gigantisme et donc en faveur de Bougainville, le stéréotype du « voyageur-menteur », formalisé par l'ancien proverbe « A beau mentir qui vient de loin ». Ce faisant, il tombe sous le coup de la critique formulée dans son *Discours préliminaire* par Bougainville et qui visait en particulier Rousseau : « Je suis voyageur et marin ; c'est-à-dire un menteur et un imbécile aux yeux de cette classe d'écrivains paresseux et superbes qui, dans l'ombre de leur cabinet, philosophent à perte de vue sur le monde et ses habitants, et soumettent impérieusement la nature à leurs imaginations. Procédé bien singulier, bien inconcevable de la part de gens qui, n'ayant rien observé par eux-mêmes, n'écrivent, ne dogmatisent que d'après des observations empruntées dans ces mêmes voyageurs auxquels ils refusent la faculté de voir et de penser » *(Voyage*, p. 46-47). — 5. Une variante (« du sauvage ») s'accorde mieux au singulier qui suit (« il tient le caractère cruel... ») mais le pluriel exprime une vision plus ethnologique et moins philosophique. Il semble que Diderot ait hésité entre les deux. Il n'y a pas d'article « Sauvages » dans l'*Encyclopédie*. La rubrique n'apparaît que dans la « Table analytique et raisonnée » qui paraît en 1780 et renvoie à plusieurs articles

B — C'est, à ce qu'il paraît, de la défense journalière contre les bêtes féroces qu'il tient le caractère cruel qu'on lui remarque quelquefois ; il est innocent et doux partout où rien ne trouble son repos et sa sécurité. Toute guerre naît d'une prétention commune à la même propriété[1]. L'homme civilisé a une prétention commune avec l'homme civilisé à la possession d'un champ dont ils occupent les deux extrémités, et ce champ devient un sujet de dispute entre eux.

A — Et le tigre a une prétention commune avec l'homme sauvage à la possession d'une forêt ; et c'est la première des prétentions et la cause de la plus ancienne des guerres. Avez-vous vu l'Otaïtien[2] que Bougainville avait pris sur son bord et transporté dans ce pays-ci[3] ?

B — Je l'ai vu ; il s'appelait Aotourou. A la première terre qu'il aperçut, il la prit pour la patrie du voyageur[4], soit qu'on lui en eût imposé sur la longueur du voyage, soit que trompé naturellement par le peu de distance apparente des bords de la mer qu'il habitait, à l'endroit où le ciel semble confiner avec l'horizon, il ignorât la véritable étendue de la terre. L'usage commun des femmes était si bien établi dans son esprit qu'il se jeta sur la première Européenne qui vint à sa rencontre, et qu'il se disposait très sérieusement à lui faire la politesse d'Otaïti[5]. Il s'ennuyait

---

de l'*Encyclopédie* ou de son *Supplément*. L'article « Canadiens », que développe « Canada » dans le *Supplément*, s'appuie en particulier sur les ouvrages de La Hontan et s'attache à énumérer qualités et défauts des sauvages. Leur cruauté (et singulièrement le raffinement des supplices qu'ils infligent à leurs ennemis ou supportent avec fermeté) fait l'objet de longs développements. Elle apparaît compatible avec de la bonté et, « envers les étrangers et les malheureux, une charitable hospitalité qui a de quoi confondre toutes les nations de l'Europe ».

1. Dans les chapitres suivants, on retrouvera ce thème, central dans la dénonciation des méfaits de la civilisation. — 2. On trouve alors concurremment les formes Taïti et Otaïti. — 3. Dès l'accostage du bateau *L'Étoile*, un insulaire y était venu passer la nuit « sans témoigner aucune inquiétude » (*Voyage*, I, 2, p. 224). C'est lui qui, au départ de l'expédition, neuf jours plus tard, manifeste le désir d'embarquer malgré les larmes de sa « jeune épouse ou amante ». On apprend alors son nom : Aotourou. — 4. De Bougainville. — 5. Amusante périphrase signifiant « lui faire l'amour et, si possible, un enfant », comme le montrera de manière humoristique le chapitre 3, « Entretien de l'aumonier et d'Orou ». Cette anecdote ne figure pas dans le *Voyage* mais reflète l'intérêt porté au comportement sexuel des Tahitiens. Lors de son séjour à Paris, Aotourou avait été placé devant un tableau représentant une Vénus peu vêtue. La Condamine, qui y avait été invité par Bougainville, avait noté avec soin ses réactions (*Observations* faites le 25 avril 1769 et restées manuscrites).

parmi nous[1]. L'alphabet otaïtien n'ayant ni b, ni c, ni d, ni f, ni g, ni q, ni x, ni y, ni z, il ne put jamais apprendre à parler notre langue qui offrait à ses organes inflexibles trop d'articulations étrangères et de sons nouveaux[2]. Il ne cessait de soupirer après son pays, et je n'en suis pas étonné. Le Voyage de Bougainville est le seul qui m'ait donné du goût pour une autre contrée que la mienne[3]. Jusqu'à cette lecture j'avais pensé qu'on n'était nulle part aussi bien que chez soi, résultat que je croyais le même pour chaque habitant de la terre, effet naturel de l'attrait du sol, attrait qui tient aux commodités dont on jouit et qu'on n'a pas la même certitude de retrouver ailleurs.

A — Quoi ! vous ne croyez pas l'habitant de Paris aussi convaincu qu'il croisse des épis dans la campagne de Rome que dans les champs de la Beauce ?

B — Ma foi non. Bougainville a renvoyé Aotourou après avoir pourvu aux frais et à la sûreté de son retour[4].

---

1. Bougainville écrit expressément le contraire : « Il y est resté onze mois, pendant lesquels il n'a témoigné aucun ennui » (*Voyage*, p. 263) puis précise qu'en matière de spectacles, seul lui plaisait l'opéra « car il aimait la danse. Il connaissait parfaitement les jours de ce spectacle ; il y allait seul, payait à la porte comme tout le monde, et sa place favorite était dans les corridors »(*Voyage*, p. 264-265) — **2.** « La langue de Taïti est douce, harmonieuse et facile à prononcer. Les mots n'en sont presque composés que de voyelles sans aspiration ; on n'y rencontre point de syllabes muettes, sourdes ou nasales, ni cette quantité de consonnes et d'articulations qui rendent certaines langues si difficiles » (*Voyage*, 269). — **3.** Tahiti est devenue progressivement un mythe. Mais ce n'est pas Bougainville qui y a contribué le plus puissamment. Au contraire ; après l'exaltation initiale, plus sensible dans le *Journal* que dans le *Voyage*, pour cette société apparemment épanouie, Bougainville tire de la fréquentation d'Aotourou des informations complémentaires qui l'amènent à moduler son jugement : ainsi « j'ai dit plus haut que les habitants de Tahiti nous avaient paru vivre dans un bonheur digne d'envie. Nous les avions cru presque égaux entre eux...[...] Je me trompais ; la distinction des rangs est fort marquée à Taïti et la disproportion cruelle » (2ᵉ partie, chap. 3, p. 267). En revanche Commerson, l'un de ses compagnons, publie dans le *Mercure de France* de novembre 1769, avant la publication du *Voyage*, une *Lettre... sur la découverte de la nouvelle île de Cythère ou Taïti*, dans laquelle Tahiti est présentée comme « le seul coin de la terre où habitent des hommes sans vices, sans préjugés, sans besoins, sans dissensions ». Voir ce texte en annexe. — **4.** Comme il s'y était engagé, Bougainville renvoya Aotourou dans sa patrie après un séjour de onze mois à Paris. Il y consacra le tiers de sa fortune. Parti de La Rochelle en mars 1770, Aotourou arriva à l'île de France (actuelle île Maurice) le 23 octobre ; mais il dut y attendre un an avant de pouvoir poursuivre son voyage. Il venait à peine de reprendre la mer en octobre 1771 quand il présenta les symptômes de la petite vérole (variole) et il mourut le 6 novembre au lendemain de son arrivée à l'île Bourbon (actuelle Réunion).

A — Ô Aotourou, que tu seras content de revoir ton père, ta mère, tes frères, tes sœurs, tes compatriotes ! Que leur diras-tu de nous ?

B — Peu de choses et qu'ils ne croiront pas.

A — Pourquoi peu de choses ?

B — Parce qu'il en a peu conçues, et qu'il ne trouvera dans sa langue aucuns termes correspondant à celles dont il a quelques idées[1].

A — Et pourquoi ne le croiront-ils pas ?

B — Parce qu'en comparant leurs mœurs aux nôtres, ils aimeront mieux prendre Aotourou pour un menteur[2] que de nous croire si fous.

A — En vérité ?

B — Je n'en doute pas. La vie sauvage est si simple, et nos sociétés sont des machines si compliquées ! L'Otaïtien touche à l'origine du monde et l'Européen touche à sa vieillesse[3]. L'intervalle qui le sépare de nous est plus grand que la distance de l'enfant qui naît à l'homme décrépit. Il n'entend rien à nos usages, à nos lois, ou il n'y voit que des entraves déguisées sous cent formes diverses, entraves qui ne peuvent qu'exciter l'indignation et le mépris d'un être en qui le sentiment de la liberté est le plus profond des sentiments.

A — Est-ce que vous donneriez dans la fable d'Otaïti ?

---

1. Ce lieu commun (Buffon, Péreire...) que Bougainville formule avec un net sentiment de supériorité — « Le Tahitien [...] n'ayant que le petit nombre d'idées relatives d'une part à la société et la plus simple et la plus bornée, de l'autre à des besoins réduits au plus petit nombre possible, aurait eu à créer, pour ainsi dire, dans un esprit aussi paresseux que son corps, un monde d'idées premières avant que de pouvoir parvenir à leur adapter les mots de notre langue qui les expriment » (*Voyage*, p. 264) —, Diderot le reprend ici de manière plus objective et nous invite à penser l'altérité radicale des langues qui renvoient à des réalités et traditions différentes. — 2. Nouvelle formulation du thème du voyageur-menteur comme alternative à la folie du monde européen, que l'on trouvait déjà formulée dans La Hontan par l'indien Adario : « Tu aimes mieux être esclave français que libre huron. Oh, le bel homme qu'un Français avec ses belles lois qui, croyant être bien sage, est assurément bien fou ! puisqu'il demeure dans l'esclavage et dans la dépendance... » (*ES*, p. 113 ; *Desjonquères*, p. 64). — 3. De cette représentation du monde qui aurait inégalement vieilli, et donc de la coexistence d'hommes-enfants, les sauvages, proches d'un état de nature initial et d'hommes adultes, vivant dans des sociétés identifiées comme des civilisations, découlent des attitudes parallèles à l'égard des enfants et des sauvages, dont fait partie la volonté éducative (voir *supra* les missions jésuites).

B — Ce n'est point une fable, et vous n'auriez aucun doute sur la sincérité de Bougainville, si vous connaissiez le Supplément de son Voyage.

A — Et où trouve-t-on ce Supplément[1] ?

B — Là, sur cette table.

A — Est-ce que vous ne me le confieriez pas ?

B — Non, mais nous pourrons le parcourir ensemble, si vous voulez.

A — Assurément, je le veux. Voilà le brouillard qui retombe et l'azur du ciel qui commence à paraître. Il semble que mon lot soit d'avoir tort avec vous jusque dans les moindres choses. Il faut que je sois bien bon pour vous pardonner une supériorité aussi continue.

B — Tenez, tenez, lisez. Passez ce préambule qui ne signifie rien[2], et allez droit aux adieux que fit un des chefs de l'île à nos voyageurs. Cela vous donnera quelque notion de l'éloquence de ces gens-là.

A — Comment Bougainville a-t-il compris ces adieux prononcés dans une langue qu'il ignorait[3] ?

B — Vous le saurez.

---

1. Il est vraisemblable que Diderot connaissait l'existence d'un ouvrage portant déjà ce titre et publié en 1772 par Le Breton, l'éditeur de l'*Encyclopédie*. C'était la traduction du « Journal d'un voyage autour du monde fait par MM. Banks et Solander, Anglais, en 1768, 1769, 1770 et 1771 ». — 2. Diderot s'amuse : le « préambule » aux « adieux » du vieillard est ce que nous venons de lire ! — 3. Voir II, note 1, p. 48. Encore une preuve de l'intérêt porté par Diderot et plus généralement au XVIIIe siècle à la question des langues, quand si souvent, dans la littérature, le problème de la communication entre étrangers est esquivé.

II

LES ADIEUX DU VIEILLARD

C'est un vieillard qui parle[1] ; il était père d'une famille nombreuse. A l'arrivée des Européens, il laissa tomber des regards de dédain sur eux, sans marquer ni étonnement, ni frayeur, ni curiosité. Ils l'abordèrent, il leur tourna le dos et se retira dans sa cabane. Son silence et son souci ne décelaient[2] que trop sa pensée : il gémissait en lui-même sur les beaux jours de son pays éclipsés. Au départ de Bougainville, lorsque les habitants accouraient en foule sur le rivage, s'attachaient à ses vêtements, serraient ses camarades entre leurs bras et pleuraient[3], ce vieillard s'avança d'un air sévère et dit :

---

1. La figure de ce vieillard apparaît à l'arrivée à Tahiti (*Voyage*, début II, 2) mais ne réapparaît plus ensuite. Dans la maison du chef qui l'accueille, Bougainville découvre « cinq ou six femmes et un vieillard vénérable.[...] Le vieillard était le père de notre hôte. Il n'avait du grand âge que ce caractère respectable qu'impriment les ans sur une belle figure. Sa tête ornée de cheveux blancs et d'une longue barbe, tout son corps nerveux et rempli, ne montraient aucune ride, aucun signe de décrépitude. Cet homme vénérable parut s'apercevoir à peine de notre arrivée ; il se retira même sans répondre à nos caresses, sans témoigner ni frayeur, ni étonnement, ni curiosité ; fort éloigné de prendre part à l'espèce d'extase que notre vue causait à tout ce peuple, son air rêveur et soucieux semblait annoncer qu'il craignait que ces jours heureux, écoulés pour lui dans le sein du repos, ne fussent troublés par l'arrivée d'une nouvelle race » (pp. 229-230). — 2. Révélaient. — 3. Bougainville rapporte effectivement cette émotion et résume : « Je ne fus pas moins surpris du chagrin que leur causait notre départ, que je l'avais été de leur confiance affectueuse à notre arrivée » (II, 2, p. 245).

« Pleurez, malheureux Otaïtiens, pleurez, mais que ce soit de l'arrivée et non du départ de ces hommes ambitieux et méchants [1]. Un jour vous les connaîtrez mieux. Un jour ils reviendront le morceau de bois que vous voyez attaché à la ceinture de celui-ci dans une main, et le fer qui pend au côté de celui-là dans l'autre [2], vous enchaîner, vous égorger ou vous assujettir à leurs extravagances et à leurs vices. Un jour vous servirez sous eux, aussi corrompus, aussi vils, aussi malheureux qu'eux. Mais je me console, je touche à la fin de ma carrière [3], et la calamité que je vous annonce, je ne la verrai point. Ô Otaïtiens, ô mes amis, vous auriez un moyen d'échapper à un funeste avenir, mais j'aimerais mieux mourir que de vous en donner le conseil [4]. Qu'ils s'éloignent et qu'ils vivent. »

Puis s'adressant à Bougainville, il ajouta :

« Et toi, chef des brigands qui t'obéissent, écarte promptement ton vaisseau de notre rive. Nous sommes innocents, nous sommes heureux, et tu ne peux que nuire à notre bonheur. Nous suivons le pur instinct de la nature [5], et tu as tenté d'effacer de nos âmes son caractère. Ici tout est à tous, et tu nous as prêché je ne sais quelle distinction du tien et du mien [6].

---

1. On rapprochera avec intérêt ce discours du vieillard et le texte que Diderot consacre aux Hottentots dans l'*Histoire des deux Indes* de l'abbé Raynal. Mais, dans ce texte, Diderot interpelle directement ses lecteurs européens (« Vous êtes fiers de vos lumières ; mais à quoi vous servent-elles ?...), apostrophe les sauvages (« Fuyez, malheureux Hottentots, fuyez ! Enfoncez-vous dans vos forêts... ») et finit par les exhorter à la révolte, alors qu'ici le vieillard s'y refuse. — 2. La croix à la ceinture du prêtre et l'épée à celle de Bougainville. — 3. Ma vie. — 4. Celui de les mettre à mort pour éviter la divulgation de leur découverte. — 5. Le mythe de l'homme naturel a essentiellement une fonction critique des sociétés civilisées, qui se pensent supérieures. Les Tahitiens viennent opportunément fournir l'exemple d'une société, d'une culture, qui certes n'est pas « naturelle », mais qui présente des traits identifiés comme les traces sauvegardées d'une liberté naturelle, en particulier dans le domaine de la sexualité. Par ailleurs, peuple favorisé par une nature généreuse, ils offrent une image de bonheur que ne présentent pas d'autres peuples « naturels » rencontrés par Bougainville, comme celui des Pêcherais. Enfin Diderot idéalise volontairement le tableau laissé par Bougainville (2ᵉ partie, chap. 2), qui module dans le deuxième chapitre consacré à Tahiti le relatif enthousiasme du premier (en particulier par la mise en évidence de la hiérarchie sociale et des sacrifices humains). — 6. Cf. dans La Hontan, l'indien Adario qui s'adresse à « vous à qui le *Tien* et le *Mien* fait commettre toutes sortes de crimes » (*ES*, p. 101 ; *Desjonquères*, p. 51) et reprend plus loin : « Plus je réfléchis à la vie des Européens et moins je trouve de bonheur et de sagesse parmi eux [...]. Je ne trouve rien dans leurs actions qui ne soit au dessous de l'homme et je regarde comme impossible que cela puisse être autrement à moins que vous ne veuilliez vous réduire à vivre sans le *tien* et

Nos filles et nos femmes nous sont communes, tu as partagé ce privilège avec nous, et tu es venu allumer en elles des fureurs inconnues. Elles sont devenues folles dans tes bras, tu es devenu féroce entre les leurs ; elles ont commencé à se haïr ; vous vous êtes égorgés pour elles, et elles nous sont revenues teintes de votre sang. Nous sommes libres, et voilà que tu as enfoui dans notre terre le titre de notre futur esclavage [1]. Tu n'es ni un dieu ni un démon, qui es-tu donc pour faire des esclaves ? Orou, toi qui entends la langue [2] de ces hommes-là, dis-nous à tous, comme tu me l'as dit à moi-même, ce qu'ils ont écrit sur cette lame de métal : *Ce pays est à nous.* Ce pays est à toi ! et pourquoi ? Parce que tu y as mis le pied ! Si un Otaïtien débarquait un jour sur vos côtes et qu'il gravât sur une de vos pierres ou sur l'écorce d'un de vos arbres : *Ce pays est aux habitants d'Otaïti,* qu'en penserais-tu [3] ? Tu es le plus fort [4], — et qu'est-ce que cela fait ? Lorsqu'on t'a enlevé une des

le *mien* comme nous faisons » (*ES*, p.125 ; *Desjonquères*, p. 78). On connaît le début de la seconde partie du *Discours sur l'origine [...] de l'inégalité parmi les hommes* de Rousseau : « Le premier qui, ayant enclos un terrain, s'avisa de dire *Ceci est à moi* et trouva des gens assez simples pour le croire, fut le vrai fondateur de la société civile. Que de crimes, de guerres, de meurtres, que de misères et d'horreurs n'eût point épargnés au genre humain celui qui... » Mais on trouvait déjà dans Pascal : « Mien, tien. "Ce chien est à moi, disaient ces pauvres enfants ; c'est là ma place au soleil." Voilà le commencement et l'image de l'usurpation de toute la terre » (Pensée 295, *Pensées*, édition Brunschvicg).
1. « J'enfouis près du hangar un acte de prise de possession inscrit sur une planche de chêne avec une bouteille bien fermée et lutée [scellée, « de cire d'Espagne » précise le *Journal*] contenant les noms des officiers des deux navires » (*Voyage*, p. 243). — 2. Voir note 1, p. 48. — 3. Outre le débat de fond (voir note suivante), on constate un renversement décisif du point de vue. Ce décentrage du point de vue, cet autre regard (réel ou, le plus souvent, emprunté) est à l'origine de la littérature ironique et critique qui se développe au XVIIIe siècle à l'égard des sociétés européennes. — 4. Discours du droit ; le droit du plus fort n'est justement pas celui que peut légitimement revendiquer une nation civilisée. Il est paradoxal que ce soit « l'homme de la nature » qui rappelle à l'homme prétendument civilisé ce qu'il se doit à lui-même et aux autres. Diderot réaffirme dans l'*Histoire des deux Indes* (Livre VIII, chap. 1) : « La force s'accroît par la multitude, mais le droit reste le même. » Dans ce même chapitre, Diderot réaffirme qu'« une contrée déserte et inhabitée est la seule qu'on puisse s'approprier » et dresse un acte d'accusation contre les pays européens spoliateurs en des termes pratiquement identiques à ceux qu'il vient d'employer ici (voir *HDI*, pp. 118-121). Même accusation déjà dans La Hontan (*ES*, p. 112 ; *Desjonquères*, p. 63) : « Qui vous a donné tous les pays que vous habitez ? De quel droit les possédez-vous ? Ils appartiennent aux Algonquins depuis toujours. »

méprisables bagatelles[1], dont ton bâtiment est rempli, tu
t'es récrié, tu t'es vengé, et dans le même instant tu as
projeté au fond de ton cœur le vol de toute une contrée !
Tu n'es pas esclave, tu souffrirais plutôt la mort que de
l'être, et tu veux nous asservir ! Tu crois donc que l'Otaïtien ne sait pas défendre sa liberté et mourir ? Celui dont
tu veux t'emparer comme de la brute[2], l'Otaïtien est ton
frère ; vous êtes deux enfants de la nature ; quel droit as-tu
sur lui qu'il n'ait pas sur toi[3] ? Tu es venu, nous sommes-
nous jetés sur ta personne ? Avons-nous pillé ton vaisseau ?
T'avons-nous saisi et exposé aux flèches de nos ennemis ?
T'avons-nous associé dans nos champs au travail de nos
animaux ? Nous avons respecté notre image en toi. Laisse-
nous nos mœurs[4], elles sont plus sages et plus honnêtes que
les tiennes. Nous ne voulons point troquer ce que tu appelles notre ignorance contre tes inutiles lumières[5]. Tout ce
qui nous est nécessaire et bon nous le possédons. Sommes-
nous dignes de mépris parce que nous n'avons pas su nous
faire des besoins superflus ? Lorsque nous avons faim, nous
avons de quoi manger ; lorsque nous avons froid, nous
avons de quoi nous vêtir. Tu es entré dans nos cabanes,
qu'y manque-t-il à ton avis ? Poursuis jusqu'où tu voudras
ce que tu appelles commodités de la vie, mais permets à

---

1. Le premier vol est celui d'un pistolet *(Voyage,* p. 231) et la réaction de Bougainville est plutôt une mise en garde contre le risque couru par le voleur même.
Mais le terme « bagatelles » est employé plus loin (p. 233) à propos du troc et Bougainville reconnaît qu'« on leur paye leur peine à peu de frais ». D'autres vols
s'étant produits, Bougainville donne comme consigne de « tirer sur les voleurs qui
viendraient dorénavant », avec l'accord du chef tahitien Ereti. — 2. Comme d'un
animal. — 3. La succession de « enfants de la nature » et de « quel droit » oriente
vers l'idée d'un droit naturel. Liberté, fraternité, égalité, voici préfigurée la formule
de 1789. La suite du *Supplément* conduira son premier éditeur (en 1796), l'abbé
Bourlet de Vauxcelles, à désigner Diderot comme « le véritable instituteur des
sans-culottes » ! Voir III, note 1, p. 59. — 4. Une bonne partie de la suite du *Supplément* comparera mœurs tahitiennes et européennes. L'intérêt porté aux mœurs
plutôt qu'à la métaphysique caractérise la période (voir aussi Voltaire : *Essai sur
les mœurs).* — 5. Dans la seconde moitié du XVIIIe siècle, la confiance dans le progrès des Lumières est ébranlée : le thème de la dépravation des mœurs est repris
aussi bien par ceux qui critiquent le luxe et les inégalités sociales que par les défen-
seurs de l'ancien ordre social (Fougeret de Monbron). C'est la ville, destructrice
des repères traditionnels, et singulièrement Paris, qui fait l'objet des critiques les
plus virulentes. Il est symptomatique qu'un paysan qui monte à Paris soit « parve-
nu » chez Marivaux en 1734 , mais « perverti » chez Rétif en 1775. Pour tout ce
passage, cf. la « Comparaison des peuples policés et des peuples sauvages » jointe
en annexe (extrait de l'*Histoire des deux Indes).*

des êtres sensés de s'arrêter, lorsqu'ils n'auraient à obtenir de la continuité de leurs pénibles efforts que des biens imaginaires. Si tu nous persuades de franchir l'étroite limite du besoin, quand finirons-nous de travailler, quand jouirons-nous ? Nous avons rendu la somme de nos fatigues annuelles et journalières la moindre qu'il était possible, parce que rien ne nous paraît préférable au repos. Va dans ta contrée t'agiter, te tourmenter tant que tu voudras. Laisse-nous reposer ; ne nous entête ni de tes besoins factices, ni de tes vertus chimériques[1]. Regarde ces hommes, vois comme ils sont droits, sains et robustes ; regarde ces femmes, vois comme elles sont droites, saines, fraîches et belles[2]. Prends cet arc, c'est le mien, appelle à ton aide un, deux, trois, quatre de tes camarades, et tâchez de le tendre. Je le tends moi seul[3] ; je laboure la terre ; je grimpe la montagne ; je perce la forêt ; je parcours une lieue de la plaine en moins d'une heure ; tes jeunes compagnons ont eu peine à me suivre, et j'ai quatre-vingt-dix ans passés. Malheur à cette île ! malheur aux Otaïtiens présents et à tous les Otaïtiens à venir, du jour où tu nous as visités ! Nous ne connaissions qu'une maladie, celle à laquelle l'homme, l'animal et la plante ont été condamnés, la vieillesse, et tu nous en as apporté une autre ; tu as infecté notre sang[4]. Il nous faudra

---

1. Le dialogue qui suit entre l'aumônier et Orou donne un exemple de vertu chimérique : l'abstinence des prêtres. — 2. Le mythe de Tahiti a marqué Baudelaire dont le sonnet *Parfum exotique* évoque « une île paresseuse où la nature donne « Des arbres singuliers et des fruits savoureux / Des hommes dont le corps est mince et vigoureux / Et des femmes dont l'œil par sa franchise étonne ». — 3. Amusant rappel de l'épreuve imposée par Pénélope aux prétendants qui rivalisaient dans l'espoir d'épouser la supposée veuve d'Ulysse au chant XXI de l'*Odyssée*. — 4. Le 18 mai, Bougainville écrit dans son *Journal* (I, p. 342) : « Il s'est déclaré à bord des deux navires ces jours-ci plusieurs maladies vénériennes prises à Cythère [Tahiti]. Il y en a de toutes les espèces connues en Europe. J'ai fait visiter Louis [Aotourou], il en est perdu [totalement contaminé] et on le traite. Il paraît que ses compatriotes font peu de cas de cette maladie. Colomb l'a rapportée d'Amérique... » Il fait l'hypothèse que le mal y a été apporté par l'expédition de Wallis l'année précédente, tandis que les Anglais (*Journal* de Banks et Solander en 1772) en accuseront les Français. Mais ils avaient été précédés au XVIe siècle par l'espagnol Queiros... Voltaire fait dans *Candide* une amusante généalogie de la syphilis. Les maladies vénériennes ne sont pas les seules apportées par les colonisateurs ; la variole en particulier fit des ravages, parfois à la suite de contaminations volontaires comme ce fut le cas pour des tribus indiennes d'Amérique du Nord au cours du XIXe siècle. Dans son *Journal* (I,328), Bougainville écrit : « Notre major m'a assuré qu'il avait vu sur plusieurs des funestes traces de la petite vérole [c'est-à-dire la variole]. » C'est au reste de la variole que mourra Aotourou (voir I, note 4, p. 36).

peut-être exterminer de nos propres mains nos filles, nos
femmes, nos enfants, ceux qui ont approché tes femmes [1],
celles qui ont approché tes hommes. Nos champs seront
trempés du sang impur qui a passé de tes veines dans les
nôtres, ou nos enfants condamnés à nourrir et à perpétuer
le mal que tu as donné aux pères et aux mères et qu'ils
transmettront à jamais à leurs descendants. Malheureux ! tu
seras coupable ou des ravages qui suivront les funestes
caresses des tiens, ou des meurtres que nous commettrons
pour en arrêter le poison. Tu parles de crimes, as-tu l'idée
d'un plus grand crime que le tien ? Quel est chez toi le
châtiment de celui qui tue son voisin ? La mort par le fer.
Quel est chez toi le châtiment du lâche qui l'empoisonne ?
La mort par le feu [2]. Compare ton forfait à ce dernier, et
dis-nous, empoisonneur de nations, le supplice que tu mérites. Il n'y a qu'un moment la jeune Otaïtienne s'abandon-
nait avec transport aux embrassements du jeune Otaïtien ;
elle attendait avec impatience que sa mère, autorisée par
l'âge nubile [3], relevât son voile et mît sa gorge à nu ; elle
était fière d'exciter les désirs et d'irriter [4] les regards amoureux de l'inconnu, de ses parents, de son frère ; elle accep-
tait sans frayeur et sans honte, en notre présence, au milieu
d'un cercle d'innocents Otaïtiens, au son des flûtes, entre
les danses, les caresses de celui que son jeune cœur et la
voix secrète de ses sens lui désignaient [5]. L'idée du crime
et le péril de la maladie sont entrés avec toi parmi nous [6].

---

1. Bizarre incohérence du discours puisqu'il ne pouvait y avoir de femmes sur
les navires royaux et que la seule exception, une femme déguisée en homme que les
Tahitiens avaient immédiatement décelée, avait été protégée de leurs marques d'hospitalité. — **2.** A l'article « Poison », l'*Encyclopédie* rappelle qu'« en France le crime
de poison est puni par le feu ; lorsqu'il s'est trouvé des empoisonneurs qui avaient
nombre de complices, on a quelquefois établi une chambre ardente pour faire le procès à ces coupables ». — **3.** En âge de se marier, c'est à dire ayant atteint la puberté.
— **4.** Enflammer ; d'autres copies comportent la variante « arrêter », plus neutre, qui
atténue pour un lecteur occidental le choc des autres termes de la phrase. — **5.** Voilà
ce qui explique le nom de Nouvelle Cythère attribué à Tahiti. Cythère est une île
grecque, qui était célèbre par son sanctuaire d'Aphrodite, déesse de l'amour.
— **6.** « Le péril de la maladie » reprend ce qui vient d'être développé tandis que
« l'idée du crime » annonce la culpabilisation (hésitation, rougissement) apportée par
le prêtre, « cet homme noir » dont il va parler. L'idée du crime conduit à la honte, au
vice pratiqué en cachette, à la perversité, termes que l'on retrouve par la suite. A l'inverse, pour louer la pratique du Tahitien, homme de la nature, Diderot emprunte au
lexique chrétien : croître et multiplier ; humour ou rencontre ? voir notes suivantes,
et note 1, p. 69.

Nos jouissances autrefois si douces sont accompagnées de remords et d'effroi. Cet homme noir [1] qui est près de toi, qui m'écoute, a parlé à nos garçons ; je ne sais ce qu'il a dit à nos filles, mais nos garçons hésitent, mais nos filles rougissent. Enfonce-toi, si tu veux, dans la forêt obscure avec la compagne perverse de tes plaisirs, mais accorde aux bons et simples Otaïtiens de se reproduire [2] sans honte, à la face du ciel et au grand jour. Quel sentiment plus honnête et plus grand pourrais-tu mettre à la place de celui que nous leur avons inspiré et qui les anime ? Ils pensent que le moment d'enrichir la nation et la famille d'un nouveau citoyen est venu, et ils s'en glorifient. Ils mangent pour vivre et pour croître ; ils croissent pour multiplier, et ils n'y trouvent ni vice ni honte. Écoute la suite de tes forfaits : A peine t'es-tu montré parmi eux, qu'ils sont devenus voleurs [3] ; à peine es-tu descendu dans notre terre, qu'elle a fumé de sang. Cet Otaïtien qui courut à ta rencontre, qui t'accueillit, qui te reçut en criant *taïo*, ami, ami, vous l'avez tué [4]. Et pourquoi l'avez-vous tué ? Parce qu'il avait été

---

1. L'aumônier que nous retrouverons dans le dialogue avec Orou. — 2. Bougainville ne précise pas le but visé par les insulaires dans leurs pratiques amoureuses. Diderot, en leur assignant une fonction reproductrice et en disqualifiant les « plaisirs » improductifs par leur association à la perversité, fait apparaître un implicite de sa propre pensée : le primat de la reproduction, en quoi il rejoint la doctrine de l'Église. L'introduction au *Supplément* dans l'édition *DPV* formule le raisonnement de Diderot sous la forme du syllogisme suivant : « *La raison dit que* la nature a fait l'homme sexué pour qu'il se multiplie ; *l'observation montre que* les Tahitiens sont à cet égard proches de la nature ; *ils doivent donc en toute logique* se conduire de manière à la satisfaire, même si Bougainville n'en dit mot » (*DPV*, tome 12, p. 377). — 3. « Il n'y a point en Europe de plus adroits filous...[...] Cependant il ne semble pas que le vol soit ordinaire entre eux. Rien ne ferme dans leurs maisons...[...]. Sans doute la curiosité pour des objets nouveaux excitait en eux de violents désirs » *(Voyage*, p. 234). Cette contradiction ne conduit pas Bougainville à formuler l'idée que, le vol supposant la propriété, ceux qui partagent — il écrit plus loin (p. 255) : « Il paraîtrait que pour les choses absolument nécessaires à la vie, il n'y a point de propriété et que tout est à tous » — ne peuvent avoir le même rapport aux objets et aux personnes ; ce que suggère en revanche Diderot dans sa formulation ultérieure : « ces grains qu'il avait pris sans te les demander » (et non « volés »), alors qu'« il te donnait des fruits, il t'offrait sa femme et sa fille, il te cédait sa cabane ». De ce point de vue, le contact avec la civilisation apparaît bien comme contaminant : non seulement le sang mais l'âme ont été infectés. Cf. en annexe le texte de Commerson. — 4. Bougainville écrit qu'à son arrivée « les femmes [les] saluèrent en portant la main sur la poitrine et criant plusieurs fois tayo » (p. 229) et plus loin, comme « il y avait trois insulaires tués ou blessés dans leurs cases à coups de baïonnettes » (p. 238), des femmes en pleurs répétaient : « Tayo, maté, vous êtes nos amis et vous nous tuez. »

séduit par l'éclat de tes petits œufs de serpent[1]. Il te donnait ses fruits, il t'offrait sa femme et sa fille, il te cédait sa cabane, et tu l'as tué pour une poignée de ces grains qu'il avait pris sans te les demander. Au bruit de ton arme meurtrière, la terreur s'est emparée de lui et il s'est enfui dans la montagne ; mais crois qu'il n'aurait pas tardé d'en descendre, crois qu'en un instant, sans moi, vous périssiez tous[2]. Eh ! pourquoi les ai-je apaisés ? pourquoi les ai-je contenus ? pourquoi les contiens-je encore dans ce moment ? je l'ignore, car tu ne mérites aucun sentiment de pitié, car tu as une âme féroce qui ne l'éprouva jamais. Tu t'es promené toi et les tiens dans notre île, tu as été respecté, tu as jouis de tout, tu n'as trouvé sur ton chemin ni barrière ni refus. On t'invitait, tu t'asseyais, on étalait devant toi l'abondance du pays. As-tu voulu de jeunes filles ? excepté celles qui n'ont pas encore le privilège de montrer leur visage et leur gorge[3], les mères t'ont présenté les autres toutes nues ; te voilà possesseur de la tendre victime du devoir hospitalier[4] ; on a jonché pour elle et pour toi la terre de feuilles et de fleurs ; les musiciens ont accordé leurs instruments, rien n'a troublé la douceur ni gêné la liberté de tes caresses et des siennes. On a chanté l'hymne, l'hymne qui t'exhortait à être homme, qui exhortait notre enfant à être femme et femme complaisante et voluptueuse. On a dansé autour de votre couche, et c'est au sortir des bras de cette femme, après avoir éprouvé sur son sein la plus douce ivresse, que tu as tué son frère, son ami, son père peut-être. Tu as fait pis encore ; regarde de ce côté, vois cette enceinte hérissée de flèches, ces armes qui n'avaient menacé que nos ennemis, vois-les tournées contre

---

1. On retrouve ici également une référence biblique : celle de la séduction du serpent tentateur. L'expression « petits œufs de serpent » désigne la verroterie et les perles fausses, sans valeur, qui servaient de monnaie d'échange avec les insulaires. — **2.** Bougainville indique dans le *Voyage* que le chef a continué de lui témoigner « la plus sincère amitié » malgré le meurtre du Tahitien et la fuite de beaucoup d'autres dans la montagne. Cette mansuétude se poursuit lorsque trois autres Tahitiens sont tués : il se satisfait de voir les présumés coupables mis aux fers (p. 239). — **3.** Leurs seins ; cf., *supra*, l'attente de la jeune fille impatiente « que sa mère, autorisée par l'âge nubile, relevât son voile et mît sa gorge à nu ». — **4.** Nouvelle périphrase, après « la politesse tahitienne » et avant « la civilité », qui rapporte cette pratique à une culture collective et non à un dérèglement individuel.

nos propres enfants [1] ; vois les malheureuses compagnes de vos plaisirs, vois leur tristesse ; vois la douleur de leurs pères, vois le désespoir de leurs mères. C'est là qu'elles sont condamnées à périr ou par nos mains ou par le mal que tu leur as donné [2]. Éloigne-toi, à moins que tes yeux cruels ne se plaisent à des spectacles de mort ; éloigne-toi, va, et puissent les mers coupables [3] qui t'ont épargné dans ton voyage, s'absoudre et nous venger en t'engloutissant avant ton retour ! Et vous, Otaïtiens, rentrez dans vos cabanes, rentrez tous, et que ces indignes étrangers n'entendent à leur départ que le flot qui mugit et ne voient que l'écume dont sa fureur blanchit une rive déserte [4]. »

A peine eut-il achevé, que la foule des habitants disparut, un vaste silence régna dans toute l'étendue de l'île, et l'on n'entendit que le sifflement aigu des vents et le bruit sourd des eaux sur toute la longueur de la côte. On eût dit que l'air et la mer sensibles à la voix du vieillard se disposaient à lui obéir.

B — Eh bien, qu'en pensez-vous ?

A — Ce discours me paraît véhément, mais à travers je ne sais quoi d'abrupt et de sauvage il me semble retrouver des idées et des tournures européennes [5].

---

1. Le *Voyage* signale que Bougainville avait fait construire une enceinte, en partie avec l'aide des Tahitiens, pour protéger ses réserves et ses malades. Mais de ce camp, progressivement renforcé, les Tahitiens étaient exclus et l'on ne voit pas à quoi Diderot fait allusion dans ce passage. — 2. On confondait autrefois sous l'appellation de « mal vénérien » (apporté par Vénus, par l'amour) la syphilis et la blennorragie. Mais ici le terme médical (« mal » pour maladie) se double d'une connotation morale (faire le mal). — 3. Parce qu'elles ont porté Bougainville et ses hommes jusqu'aux rivages de Tahiti ; mais elles peuvent cesser de l'être (« s'absoudre ») en ne les ramenant pas en France. C'est ce qui arrivera à Lapérouse quelques années plus tard. — 4. Belle image finale de la réprobation qui conjugue harmonieusement le silence des hommes et la fureur des flots. Meister considère dans son *Éloge de Diderot* cette harangue comme « un des plus beaux morceaux d'éloquence sauvage [!] qui existe en aucune langue » (voir notes suivantes). — 5. Le débat sur les bienfaits et méfaits de la civilisation occupe les « intellectuels » européens au cours du XVIIIe siècle et se nourrit de tous les rapports des voyageurs, missionnaires et colonisateurs depuis le XVIe siècle. Le caractère européen des idées et des tournures est encore plus sensible dans les *Dialogues du baron de La Hontan avec un sauvage*, parus en 1704, alors que La Hontan avait une longue expérience directe des Canadiens. Pas plus que Diderot, il ne vise à parler « sauvage », mais à faire percevoir à travers un langage audible pour les Européens ce que l'existence différente de ces hommes signifie.

B — Pensez donc que c'est une traduction de l'otaïtien en espagnol et de l'espagnol en français. L'Otaïtien s'était rendu la nuit chez cet Orou qu'il a interpellé et dans la case duquel l'usage de la langue espagnole s'était conservé de temps immémorial. Orou avait écrit en espagnol la harangue du vieillard, et Bougainville en avait une copie à la main, tandis que l'Otaïtien la prononçait [1].

A — Je ne vois que trop à présent pourquoi Bougainville a supprimé ce fragment. Mais ce n'est pas là tout, et ma curiosité pour le reste n'est pas légère.

B — Ce qui suit peut-être vous intéressera moins.

A — N'importe.

B — C'est un entretien de l'aumônier de l'équipage avec un habitant de l'île.

A — Orou ?

B — Lui-même. Lorsque le vaisseau de Bougainville approcha d'Otaïti, un nombre infini d'arbres creusés furent lancés sur les eaux, en un instant son bâtiment en fut environné ; de quelque côté qu'il tournât ses regards il voyait des démonstrations de surprise et de bienveillance. On lui jetait des provisions, on lui tendait les bras ; on s'attachait à des cordes, on gravissait contre [2] les planches, on avait rempli sa chaloupe. On criait vers le rivage d'où les cris étaient répondus ; les habitants de l'île accouraient. Les voilà tous à terre. On s'empare des hommes de l'équipage, on se les partage ; chacun conduit le sien dans sa cabane. Les hommes les tenaient embrassés par le milieu du corps, les femmes leur flattaient les joues de leurs mains. Placez-vous là, soyez témoin par la pensée de ce spectacle d'hospitalité, et dites-moi comment vous trouvez l'espèce humaine.

A — Très belle.

B — Mais j'oublierai peut-être de vous parler d'un

---

1. Cette invention de Diderot a pu lui être suggérée par Bougainville lui-même puisqu'il indique dans son *Voyage* que plusieurs Patagons « ont dit les mots espagnols suivants : magnana, muchacho, bueno chico, capitan » et, à Tahiti, « maté » (tuer) rappelle l'espagnol « matar ». Comme Diderot n'ignore pas que Queiros, au XVIᵉ siècle, s'est arrêté à Tahiti, il peut supposer que ce navigateur, auquel pourtant Bougainville ne pense pas comme diffuseur de la vérole, y a propagé la langue espagnole. — 2. Le verbe « gravir » (monter avec difficulté) est resté longtemps intransitif.

Attaque d'un vaisseau européen par des Tahitiens.

événement assez singulier. Cette scène de bienveillance et d'humanité fut troublée tout à coup par les cris d'un homme qui appelait à son secours ; c'était le domestique d'un des officiers de Bougainville. De jeunes Otaïtiens s'étaient jetés sur lui, l'avaient étendu par terre, le déshabillaient et se disposaient à lui faire la civilité[1].

A — Quoi ! ces peuples si simples, ces sauvages si bons, si honnêtes...[2]

B — Vous vous trompez. Ce domestique était une femme déguisée en homme. Ignorée de l'équipage entier pendant tout le temps d'une longue traversée, les Otaïtiens devinèrent son sexe au premier coup d'œil. Elle était née en Bourgogne, elle s'appelait Barré ; ni laide ni jolie, âgée de vingt-six ans. Elle n'était jamais sortie de son hameau, et sa première pensée de voyager fut de faire le tour du globe. Elle montra toujours de la sagesse et du courage.

A — Ces frêles machines-là renferment quelquefois des âmes bien fortes[3].

---

1. Voir plus haut « la politesse de Tahiti » ou « le devoir hospitalier » : il s'agit de lui faire l'amour. L'épisode est raconté par Bougainville à la fin du chap. 4 de la 2ᵉ partie (pp. 293-295). — 2. A suppose d'abord la manifestation d'un désir homosexuel, dont il s'étonne au nom de la simplicité et de l'honnêteté. Diderot lui prête à nouveau un regard naïf et empreint de préjugés qui n'est pas tout à fait le sien propre. Dans l'*Histoire politique et philosophique des deux Indes*, au chapitre « Du goût antiphysique des Américains », il écrit : « Il est des actions auxquelles les peuples policés ont avec raison attaché des idées de moralité tout à fait étrangères à des sauvages. » Sur le thème « tout est dans la nature », voir aussi l'introduction et Jean-Claude Bonnet : *Diderot. Textes et débats*, p.135 (Le Livre de Poche, Hachette). — 3. La force d'âme caractérise certains des personnages féminins de Diderot, comme Mme de la Pommeraye dans *Jacques le Fataliste* ou Mme de la Carlière dans le récit qui porte son nom et qui précède le *Supplément au Voyage de Bougainville* dans l'ensemble des trois « contes ». Cette remarque incidente fonctionne donc comme un rappel de l'unité de composition.

III

L'ENTRETIEN DE L'AUMÔNIER ET D'OROU

B — Dans la division que les Otaïtiens se firent de l'équipage de Bougainville, l'aumônier devint le partage d'Orou. L'aumônier et l'otaïtien étaient à peu près du même âge, trente-cinq à trente-six ans. Orou n'avait alors que sa femme et trois filles appelées Asto, Palli et Thia. Elles le déshabillèrent, lui lavèrent le visage, les mains et les pieds, et lui servirent un repas sain et frugal. Lorsqu'il fut sur le point de se coucher, Orou qui s'était absenté avec sa famille, reparut, lui présenta sa femme et ses trois filles nues et lui dit :

Tu as soupé, tu es jeune, tu te portes bien ; si tu dors seul, tu dormiras mal : l'homme a besoin, la nuit, d'une compagne à son côté. Voilà ma femme, voilà mes filles, choisis celle qui te convient[1] ; mais si tu veux m'obliger,

---

1. Par trois fois déjà Diderot a évoqué cette marque d'hospitalité, rencontrée également par Bougainville chez les Patagons et corroborée par de nombreux voyageurs. Bougainville introduit toutefois une différence entre les femmes mariées, « qui doivent à leurs maris une soumission entière [et] laveraient dans leur sang une infidélité commise sans l'aveu de l'époux », et les filles, qui peuvent librement « suivre le penchant de [leur] cœur ou la loi de [leurs] sens » sans que cela les empêche de trouver ensuite un mari. (*Voyage*, p. 258). Dans son article « Sur les femmes » (compte rendu du livre de même titre de l'académicien Thomas), Diderot exprime son point de vue : « Pourquoi l'incontinence, ce délit si pardonnable en lui-même, cette action si indifférente par sa nature, si peu libre par son attrait, a-t-elle une influence si pernicieuse sur la moralité des femmes ? C'est, je crois, à la suite de l'importance que nous y avons attachée. »

tu donneras la préférence à la plus jeune de mes filles qui n'a point encore eu d'enfants. La mère ajouta : Hélas ! je n'ai pas à m'en plaindre, la pauvre Thia ! ce n'est pas sa faute.

L'aumônier répondit que sa religion, son état, les bonnes mœurs et l'honnêteté ne lui permettaient pas d'accepter ses offres.

Orou répliqua :

Je ne sais ce que c'est que la chose que tu appelles religion[1] mais je ne puis qu'en penser mal, puisqu'elle t'empêche de goûter un plaisir innocent auquel nature, la souveraine maîtresse, nous invite tous ; de donner l'existence à un de tes semblables ; de rendre un service que le père, la mère et les enfants te demandent ; de t'acquitter envers un hôte qui t'a fait un bon accueil, et d'enrichir une nation en l'accroissant d'un sujet de plus[2]. Je ne sais ce que c'est que la chose que tu appelles état ; mais ton premier devoir est d'être homme et d'être reconnaissant[3]. Je ne te propose pas de porter dans ton pays les mœurs d'Orou, mais Orou, ton hôte et ton ami, te supplie de te prêter aux mœurs d'Otaïti. Les mœurs d'Otaïti sont-elles meilleures ou plus mauvaises que les vôtres ? c'est une question facile à décider. La terre où tu es né a-t-elle plus d'hommes qu'elle n'en peut nourrir ? en ce cas tes mœurs ne sont ni pires ni meilleures que les nôtres. En peut-elle nourrir plus qu'elle n'en a ? nos mœurs sont meilleures que les tiennes[4]. Quant à l'honnêteté que tu m'objectes, je te comprends : j'avoue que j'ai tort et je t'en demande pardon. Je n'exige pas que tu nuises à ta santé ; si tu es fatigué, il

---

1. Diderot n'entend pas signifier que les Tahitiens ignorent la religion mais que la raison derrière laquelle l'aumônier se retranche pour se refuser au devoir réciproque d'hospitalité et à laquelle il donne ce nom leur est étrangère ; il en va de même du mot « état ». On voit comment le refus de connivence rendu possible par l'hétérogénéité des cultures et des langues permet de questionner le sens et de critiquer des usages.— **2.** Cette fois, Diderot adjoint à la fonction reproductrice la dimension du plaisir, valorisé par l'innocence. — **3.** Diderot rétablit une hiérarchie. L'état du prêtre est d'abord l'état d'homme. L'oublier conduit soit à la tartufferie : « Ah ! pour être dévôt, je n'en suis pas moins homme » *(Tartuffe*, acte III, sc. 3), soit à une dénaturation dangereuse, à la monstruosité (dont témoigne sa dénonciation des couvents comme dans *La Religieuse)*. — **4.** On appréciera la démarche : les mœurs sont appréciées d'un point de vue pratique, sans a priori métaphysique.

faut que tu te reposes [1], mais j'espère que tu ne continueras pas à nous contrister. Vois le souci que tu as répandu sur tous ces visages. Elles craignent que tu n'aies remarqué en elles quelques défauts qui leur attirent ton dédain. Mais quand cela serait, le plaisir d'honorer une de mes filles entre ses compagnes et ses sœurs et de faire une bonne action ne te suffirait-il pas ? Sois généreux.

L'AUMÔNIER — Ce n'est pas cela ; elles sont toutes quatre également belles. Mais ma religion ! mais mon état [2] !

OROU — Elles m'appartiennent et je te les offre ; elles sont à elles et elles se donnent à toi [3]. Quelle que soit la pureté de conscience que la chose religion et la chose état te prescrivent, tu peux les accepter sans scrupule. Je n'abuse point de mon autorité, et sois sûr que je connais et que je respecte les droits des personnes.

Ici le véridique aumônier convient que jamais la Providence ne l'avait exposé à une aussi pressante tentation [4]. Il était jeune ; il s'agitait, il se tourmentait ; il détournait ses regards des aimables [5] suppliantes, il les ramenait sur elles ; il levait ses yeux et ses mains au ciel. Thia, la plus jeune, embrassait ses genoux et lui disait : « Étranger, n'afflige pas mon père, n'afflige pas ma mère, ne m'afflige pas. Honore-moi dans la cabane et parmi les miens ; élève-moi au rang de mes sœurs qui se moquent de moi. Asto, l'aînée, a déjà trois enfants ; Palli, la seconde, en a deux, et Thia n'en a point. Étranger, honnête étranger, ne me rebute pas ; rends-moi mère : fais-moi un enfant que je puisse un jour promener par la main, à côté de moi, dans Otaïti, qu'on voie dans neuf mois attaché à mon sein, dont je sois fière, et qui fasse une partie de ma dot lorsque je passerai de la

---

1. Diderot ironise bien sûr, et c'est encore grâce à l'opacité du langage. En croyant comprendre le terme d'« honnêteté », mais en lui donnant un sens tout différent de celui que visait l'aumônier, Orou permet la critique comme il l'avait fait en ne comprenant pas « religion » ou « état ». Voir IV, note 2, p. 80. — **2.** Scène comique qui utilise le comique de répétition, comme le « sans dot » de *L'Avare*, mais aussi le comique de situation, dont témoigne la pantomime qui suit. — **3.** On ne peut manquer de remarquer l'ordre de la présentation : elles sont d'abord au mari et au père avant d'être à elles-mêmes. — **4.** La Tentation de Saint-Antoine est un sujet maintes fois traité en peinture et en littérature. L'aumônier n'aura pas la même résistance. Sur la tentation de la chair chez les prêtres, voir aussi La Hontan : *Dialogues... (ES*, p. 103-105 ; *Desjonquères*, p. 53-56) — **5.** Le terme prend ici un sens fort !

cabane de mon père dans une autre [1]. Je serai peut-être plus chanceuse avec toi qu'avec nos jeunes Otaïtiens. Si tu m'accordes cette faveur, je ne t'oublierai plus ; je te bénirai toute ma vie ; j'écrirai ton nom sur mon bras et sur celui de ton fils, nous le prononcerons sans cesse avec joie ; et lorsque tu quitteras ce rivage, mes souhaits t'accompagneront sur les mers jusqu'à ce que tu sois arrivé dans ton pays. »

Le naïf aumônier dit qu'elle lui serrait les mains, qu'elle attachait sur ses yeux des regards si expressifs et si touchants, qu'elle pleurait, que son père, sa mère et ses sœurs s'éloignèrent, qu'il resta seul avec elle, et qu'en disant, Mais ma religion ! mais mon état ! il se trouva le lendemain couché à côté de cette jeune fille qui l'accablait de caresses, et qui invitait son père, sa mère et ses sœurs, lorsqu'ils s'approchèrent de son lit le matin, à joindre leur reconnaissance à la sienne. Asto et Palli qui s'étaient éloignées rentrèrent avec les mets du pays, des boissons et des fruits. Elles embrassaient leur sœur et faisaient des vœux sur elle ; ils déjeunèrent tous ensemble, ensuite Orou, demeuré seul avec l'aumônier, lui dit :

Je vois que ma fille est contente de toi, et je te remercie. Mais pourrais-tu m'apprendre ce que c'est que le mot religion que tu as prononcé tant de fois et avec tant de douleur ?

L'Aumônier — Qui est-ce qui a fait ta cabane et les ustensiles qui la meublent ?

Orou — C'est moi.

L'Aumônier — Eh bien, nous croyons que ce monde et ce qu'il renferme est l'ouvrage d'un ouvrier.

Orou — Il a donc des pieds, des mains, une tête ?

---

1. La volonté de « croître et multiplier » est telle que non seulement il n'y a aucune valeur attachée à la virginité (voir note 1, p. 53) mais qu'une fille peut s'enorgueillir d'avoir des enfants avant le mariage et d'enrichir la « cabane » de son futur mari de leur présence. Cette vision nataliste, qui sera amplement développée quelques pages plus loin, est du cru de Diderot. Elle ne trouve pas sa source dans Bougainville qui n'évoque que les plaisirs de l'amour et non une finalité reproductrice : « L'air qu'on respire, les chants, la danse presque toujours accompagnée de postures lascives, tout rappelle à chaque instant les douceurs de l'amour, tout crie de s'y livrer. » *(Voyage*, p. 259). En revanche, elle est également présente dans La Hontan dans sa dénonciation du célibat des prêtres ; voir plus loin IV, note 3, p. 79.

L'Aumônier — Non.

Orou — Où fait-il sa demeure ?

L'Aumônier — Partout.

Orou — Ici-même ?

L'Aumônier — Ici.

Orou — Nous ne l'avons jamais vu.

L'Aumônier — On ne le voit pas.

Orou — Voilà un père bien indifférent. Il doit être vieux, car il a du moins l'âge de son ouvrage.

L'Aumônier — Il ne vieillit point. Il a parlé à nos ancêtres, il leur a donné des lois, il leur a prescrit la manière dont il voulait être honoré ; il leur a ordonné certaines actions comme bonnes, il leur en a défendu d'autres comme mauvaises.

Orou — J'entends ; et une de ces actions qu'il leur a défendues comme mauvaises, c'est de coucher avec une femme ou une fille. Pourquoi donc a-t-il fait deux sexes ?

L'Aumônier — Pour s'unir, mais à certaines conditions requises, après certaines cérémonies préalables, en conséquence desquelles un homme appartient à une femme et n'appartient qu'à elle, une femme appartient à un homme et n'appartient qu'à lui.

Orou — Pour toute leur vie ?

L'Aumônier — Pour toute leur vie.

Orou — En sorte que s'il arrivait à une femme de coucher avec un autre que son mari, ou à un mari de coucher avec une autre que sa femme... Mais cela n'arrive point, car puisqu'il est là et que cela lui déplaît, il sait les en empêcher.

L'Aumônier — Non, il les laisse faire, et ils pèchent contre la loi de Dieu, car c'est ainsi que nous appelons le grand ouvrier ; contre la loi du pays, et nous commettons un crime.

Orou — Je serais fâché de t'offenser par mes discours, mais si tu le permettais, je te dirais mon avis.

L'Aumônier — Parle.

Orou — Ces préceptes singuliers, je les trouve opposés à la nature, contraires à la raison, faits pour multiplier les crimes, et fâcher à tout moment le vieil ouvrier qui a tout fait sans tête, sans mains et sans outils ; qui est partout et qu'on ne voit nulle part ; qui dure aujourd'hui et demain et qui n'a pas un jour de plus ; qui commande et qui n'est pas obéi ; qui peut empêcher et qui n'empêche pas. Contraires à la nature, parce qu'ils supposent qu'un être sentant, pensant et libre peut être la propriété d'un être semblable à lui. Sur quoi ce droit serait-il fondé ? Ne vois-tu pas qu'on a confondu dans ton pays la chose qui n'a ni sensibilité, ni pensée, ni désir, ni volonté, qu'on quitte, qu'on prend, qu'on garde, qu'on échange, sans qu'elle souffre et sans qu'elle se plaigne, avec la chose qui ne s'échange point, qui ne s'acquiert point, qui a liberté, volonté, désir, qui peut se donner ou se refuser pour un moment, se donner ou se refuser pour toujours, qui se plaint et qui souffre, et qui ne saurait devenir un effet de commerce [1] sans qu'on oublie son caractère et qu'on fasse violence à la nature [2] ? Contraires à la loi générale des êtres ; rien en effet te paraît-il plus insensé qu'un précepte qui proscrit le changement qui est en nous, qui commande une constance qui n'y peut être, et qui viole la nature et la liberté du mâle et de la femelle en les enchaînant pour jamais l'un à l'autre ; qu'une fidélité qui borne la plus capricieuse des jouissances à un même individu ; qu'un serment d'immutabilité de deux êtres de chair, à la face d'un ciel qui n'est pas un instant le même, sous des antres qui menacent ruine, au bas d'une roche qui tombe en poudre, au pied d'un arbre qui se gerce, sur une pierre qui s'ébranle [3] ? Crois-moi, vous avez

1. On ne peut que s'étonner de trouver cette expression, liée à la pratique européenne du commerce (billet à ordre, lettre de change, etc.) dans la bouche du Tahitien Orou. Dans la copie de la main de Naigeon (B.N., Fonds Vandeul), on trouve la variante « objet de commerce ». — 2. La Hontan dénonçait déjà cette aliénation du sujet dans le cas des mariages imposés aux enfants par leur famille : « Père, à quoi penses-tu ? suis-je ton esclave ? ne dois-je pas jouir de ma liberté ? [...] Comment pourrais-je souffrir un époux qui achète mon corps à mon père et comment pourrais-je estimer un père qui vend sa fille à un brutal ? » *(ES*, p.152 ; *Desjonquères*, p. 110). Et, bien que Voltaire ne participe pas, loin s'en faut, aux dénonciations de la société marchande corruptrice, un texte comme *Candide* (1759) témoigne avec humour de la réification des êtres humains, à travers les traitements divers infligés à tous les personnages. Toutefois le discours d'Orou, dont l'efficacité critique à l'égard des mœurs « civilisées » est indéniable, n'implique pas le caractère irréprochable des mœurs « sauvages » dont Diderot n'est pas dupe : son article « Sur les femmes » (voir note 1, p. 53) affirme : « La femme, soumise dans les pays policés, est dans l'oppression chez les nations sauvages, dans toutes les régions barbares. » Voir aussi note 3, p. 55. — 3. La littérature baroque a développé abondamment, parfois dans les mêmes termes, ce thème de l'inconstance des choses et des êtres. Diderot pour sa part n'a jamais varié sur le sujet et la reconnaissance de « l'inconstance si naturelle à l'homme » le conduit même à faire l'apologie du divorce.

rendu la condition de l'homme pire que celle de l'animal. Je ne sais ce que c'est que ton grand ouvrier, mais je me réjouis qu'il n'ait point parlé à nos pères, et je souhaite qu'il ne parle point à nos enfants, car il pourrait par hasard leur dire les mêmes sottises, et ils feraient peut-être celle de les croire. Hier, en soupant, tu nous as entretenus de magistrats et de prêtres. Je ne sais quels sont ces personnages que tu appelles magistrats et prêtres, dont l'autorité règle votre conduite ; mais, dis-moi, sont-ils maîtres du bien et du mal ? Peuvent-ils faire que ce qui est juste soit injuste, et que ce qui est injuste soit juste ? Dépend-il d'eux d'attacher le bien à des actions nuisibles et le mal à des actions innocentes ou utiles ? Tu ne saurais le penser, car à ce compte il n'y aurait ni vrai ni faux, ni bon ni mauvais, ni beau ni laid, du moins que ce qu'il plairait à ton grand ouvrier, à tes magistrats, à tes prêtres de prononcer tel et d'un moment à l'autre tu serais obligé de changer d'idées et de conduite. Un jour on te dirait de la part de l'un de tes trois maîtres, Tue, et tu serais obligé en conscience de tuer ; un autre jour, Vole, et tu serais tenu de voler ; ou Ne mange pas de ce fruit, et tu n'oserais en manger ; Je te défends ce légume ou cet animal, et tu te garderais d'y toucher. Il n'y a point de bonté qu'on ne pût t'interdire, point de méchanceté qu'on ne pût t'ordonner ; et où en serais-tu réduit, si tes trois maîtres, peu d'accord entre eux, s'avisaient de te permettre, de t'enjoindre et de te défendre la même chose, comme je pense qu'il arrive souvent[1] ? Alors pour plaire au prêtre, il faudra que tu te brouilles avec le magistrat ; pour satisfaire le magistrat, il faudra que tu mécontentes le grand ouvrier, et pour te rendre agréable au grand ouvrier,

---

1. Avec cette évocation des « trois maîtres » (le grand ouvrier, les magistrats, les prêtres) s'esquisse la théorie des trois codes qui apparaîtra dans la dernière section du *Supplément* : « Vous trouverez les hommes assujettis à trois codes, le code de la nature, le code civil et le code religieux, et contraints d'enfreindre alternativement ces trois codes qui n'ont jamais été d'accord. » L'abbé Bourlet de Vauxcelles, qui le premier, en 1796, édita le *Supplément* (séparé des deux autres « contes ») dans un recueil intitulé *Opuscules philosophiques et littéraires* s'appuie sur cette théorie pour fonder sa dénonciation d'un Diderot sans-culotte : « Il est bon que le public sache quel a été le véritable instituteur de la sans-culotterie ; que le nom, digne de la chose, n'a été trouvé qu'après elle ; que Diderot a appris aux Chaumette et aux Hébert à déclamer contre les trois maîtres du genre humain, le grand ouvrier, les magistrats et les prêtres » (« Postface »).

il faudra que tu renonces à la nature. Et sais-tu ce qui en arrivera ? c'est que tu les mépriseras tous les trois, et que tu ne seras ni homme, ni citoyen, ni pieux, que tu ne seras rien ; que tu seras mal avec toutes les sortes d'autorité, mal avec toi-même, méchant, tourmenté par ton cœur, persécuté par tes maîtres insensés, et malheureux, comme je te vis hier au soir lorsque je te présentai mes filles et que tu t'écriais : Mais ma religion ! mais mon état ! Veux-tu savoir en tout temps et en tout lieu ce qui est bon et mauvais ? attache-toi à la nature des choses et des actions, à tes rapports avec ton semblable, à l'influence de ta conduite sur ton utilité particulière et le bien général. Tu es en délire, si tu crois qu'il y ait rien, soit en haut, soit en bas, dans l'univers qui puisse ajouter ou retrancher aux lois de la nature. Sa volonté éternelle est que le bien soit préféré au mal et le bien général au bien particulier[1]. Tu ordonneras le contraire, mais tu ne seras pas obéi. Tu multiplieras les malfaiteurs et les malheureux par la crainte, par le châtiment et par les remords ; tu dépraveras les consciences, tu corrompras les esprits : ils ne sauront plus ce qu'ils ont à faire ou à éviter ; troublés dans l'état d'innocence, tranquilles dans le forfait, ils auront perdu de vue l'étoile polaire de leur chemin. Réponds-moi sincèrement ; en dépit des ordres exprès de tes trois législateurs, un jeune homme dans ton pays ne couche-t-il jamais sans leur permission avec une jeune fille ?

L'AUMÔNIER — Je mentirais, si je te l'assurais.

OROU — La femme qui a juré de n'appartenir qu'à son mari, ne se donne-t-elle point à un autre ?

L'AUMÔNIER — Rien n'est plus commun.

OROU — Tes législateurs sévissent ou ne sévissent pas. S'ils sévissent, ce sont des bêtes féroces qui battent la nature. S'ils ne sévissent pas, ce sont des imbéciles qui ont exposé au mépris leur autorité par une défense[2] inutile.

L'AUMÔNIER — Les coupables qui échappent à la sévérité des lois, sont châtiés par le blâme général.

---

1. « L'homme est intègre ou vertueux lorsque, sans aucun motif bas et servile, tel que l'espoir d'une récompense ou la crainte d'un châtiment, il contraint toutes ses passions à conspirer au bien général de son espèce » (*Discours préliminaire de l'Essai sur le mérite et la vertu*, cité par *DPV*). — 2. Interdiction.

OROU — C'est-à-dire que la justice s'exerce par le défaut de sens commun de toute la nation, et que c'est la folie de l'opinion qui supplée aux lois[1].

L'AUMÔNIER — La fille déshonorée ne trouve plus de mari.

OROU — Déshonorée ! et pourquoi[2] ?

L'AUMÔNIER — La femme infidèle est plus ou moins méprisée.

OROU — Méprisée ! et pourquoi ?

L'AUMÔNIER — Le jeune homme s'appelle un lâche séducteur.

OROU — Un lâche ! un séducteur ! et pourquoi ?

L'AUMÔNIER — Le père, la mère et l'enfant sont désolés. L'époux volage est un libertin ; l'époux trahi partage la honte de sa femme.

OROU — Quel monstrueux tissu d'extravagances tu m'exposes là ! et encore tu ne me dis pas tout ; car aussitôt qu'on s'est permis de disposer à son gré des idées de justice et de propriété, d'ôter ou de donner un caractère arbitraire aux choses, d'unir aux actions ou d'en séparer le bien et le mal, sans consulter que le caprice[3], on se blâme, on s'accuse, on se suspecte, on se tyrannise, on est envieux, on est jaloux, on se trompe, on s'afflige, on se cache, on dissimule, on s'épie, on se surprend, on se querelle, on ment ; les filles en imposent à leurs parents[4], les maris à leurs femmes, les femmes à leurs maris ; des filles, oui, je n'en doute pas, des filles étoufferont leurs enfants, des pères soupçonneux mépriseront et négligeront les leurs, des mères s'en sépareront et les abandonneront à la merci du sort[5], et le crime et la débauche se montreront sous toutes sortes de formes. Je sais tout cela comme si j'avais vécu

---

1. Ce défaut de sens commun, cette folie consiste à juger fautif celui (ou celle) qui suit le penchant naturel pour l'inconstance. — **2.** Voir note 1, p. 56. — **3.** D'associer ou non le bien ou le mal à telle ou telle action, de les considérer bonnes ou mauvaises, sans autre critère que le caprice. Voir le sous-titre du *Supplément* : « Sur l'inconvénient d'attacher des idées morales à certaines actions physiques qui n'en comportent pas ». — **4.** Trompent. — **5.** Ces enfants étouffés, méprisés, négligés, abandonnés sont évidemment les fruits réels ou supposés de relations perçues comme coupables. En 1772, pour 600 000 habitants à Paris, il est né 18 713 enfants, dont 7 676 (41 %) ont été abandonnés à l'hospice. 6 sur 7 de ces enfants abandonnés étaient illégitimes. Voir L.-S. Mercier : *Tableau de Paris*, III, 271 « Les enfants trouvés », rééd. Mercure de France, 1994, t. I, p. 685-689.

parmi vous ; cela est parce que cela doit être, et la société dont votre chef nous vante le bel ordre, ne sera qu'un ramas ou d'hypocrites qui foulent secrètement aux pieds les lois ; ou d'infortunés qui sont eux-mêmes les instruments de leur supplice en s'y soumettant ; ou d'imbéciles en qui le préjugé a tout à fait étouffé la voix de la nature ; ou d'êtres mal organisés en qui la nature ne réclame pas ses droits [1].

L'AUMÔNIER — Cela ressemble. Mais vous ne vous mariez donc point ?

OROU — Nous nous marions.

L'AUMÔNIER — Qu'est-ce que votre mariage ?

OROU — Le consentement d'habiter une même cabane et de coucher dans un même lit, tant que nous nous y trouvons bien.

L'AUMÔNIER — Et lorsque vous vous y trouvez mal ?

OROU — Nous nous séparons [2].

L'AUMÔNIER — Que deviennent vos enfants ?

OROU — Ô étranger ! ta dernière question achève de me déceler la profonde misère de ton pays. Sache, mon ami, qu'ici la naissance d'un enfant est toujours un bonheur et sa mort un sujet de regrets et de larmes. Un enfant est un bien précieux, parce qu'il doit devenir un homme ; aussi en avons-nous un tout autre soin que de nos plantes et de nos animaux [3]. Un enfant qui naît occasionne la joie domestique et publique, c'est un accroissement de fortune pour la cabane et de force pour la nation. Ce sont des bras et des mains de plus dans Otaïti : nous voyons en lui un agriculteur, un pêcheur, un chasseur, un soldat, un époux, un père.

---

1. Voir Jean-Claude Bonnet : *Diderot. Textes et débats*, Le Livre de Poche, p. 114-150. — 2. Une fois de plus, Diderot s'appuie sur Tahiti pour promouvoir des pratiques (ici un mariage-concubinage) qui ne figurent pas dans sa source : « Je ne saurais assurer si le mariage est un engagement civil ou consacré par la religion, s'il est indissoluble ou sujet au divorce » écrivait Bougainville (*Voyage*, p.258). Diderot n'est pas le seul à son époque à penser le divorce nécessaire (voir note 3, p. 58). Laclos en fait figurer le projet dans les Cahiers de doléances des bailliages du duc d'Orléans (dont il est alors le secrétaire). Une loi instituant le divorce sera votée par la Législative au cours de sa dernière séance, le jour de la bataille de Valmy (20 septembre 1792). Voir en revanche sa dénonciation par Louis-Sébastien Mercier dans *Le Nouveau Paris* (chapitre 237 « Loi du divorce »), réed. Mercure de France, 1994. — 3. Bougainville indique que « les enfants partagent également les soins du père et de la mère », signalant, dans la foulée, que ce sont aussi les hommes qui prennent en charge « les travaux pénibles du ménage et de la culture » (*Voyage*, p. 258).

En repassant de la cabane de son mari dans celle de ses parents, une femme emmène avec elle ses enfants qu'elle avait apportés en dot ; on partage ceux qui sont nés pendant la cohabitation commune, et l'on compense autant qu'il est possible les mâles par les femelles, en sorte qu'il reste à chacun à peu près un nombre égal de filles et de garçons.

L'Aumônier — Mais des enfants sont longtemps à charge avant que de rendre service.

Orou — Nous destinons à leur entretien et à la subsistance des vieillards une sixième partie de tous les fruits du pays. Ce tribut les suit partout. Ainsi tu vois que plus la famille de l'Otaïtien est nombreuse, plus elle est riche.

L'Aumônier — Une sixième partie !

Orou — C'est un moyen sûr d'encourager la population et d'intéresser au respect de la vieillesse et à la conservation des enfants.

L'Aumônier — Vos époux se reprennent-ils quelquefois ?

Orou — Très souvent. Cependant la durée la plus courte d'un mariage est d'une lune à l'autre.

L'Aumônier — A moins que la femme ne soit grosse, alors la cohabitation est au moins de neuf mois.

Orou — Tu te trompes ; la paternité, comme le tribut, suit son enfant partout.

L'Aumônier — Tu m'as parlé d'enfants qu'une femme apporte en dot à son mari.

Orou — Assurément. Voilà ma fille aînée qui a trois enfants ; ils marchent, ils sont sains, ils sont beaux, ils promettent d'être forts. Lorsqu'il lui prendra fantaisie de se marier, elle les emmènera, ils sont siens ; son mari les recevra avec joie, et sa femme ne lui en serait que plus agréable, si elle était enceinte d'un quatrième.

L'Aumônier — De lui ?

Orou — De lui ou d'un autre. Plus nos filles ont d'enfants, plus elles sont recherchées ; plus nos garçons sont vigoureux et beaux, plus ils sont riches. Aussi autant nous sommes attentifs à préserver les unes de l'approche de l'homme, les autres du commerce de la femme avant l'âge de fécondité, autant nous les exhortons à produire lorsque les garçons sont pubères et les filles nubiles. Tu ne saurais croire l'importance du service que tu auras rendu à ma fille

Thia, si tu lui as fait un enfant. Sa mère ne lui dira plus à chaque lune : Mais, Thia, à quoi penses-tu donc ? tu ne deviens point grosse. Tu as dix-neuf ans, tu devrais avoir déjà deux enfants, et tu n'en as point. Quel est celui qui se chargera de toi ? Si tu perds ainsi tes jeunes ans, que feras-tu dans ta vieillesse ? Thia, il faut que tu aies quelques défauts qui éloignent de toi les hommes ; corrige-toi, mon enfant. A ton âge j'avais été trois fois mère [1].

L'AUMÔNIER — Quelles précautions prenez-vous pour garder vos filles et vos garçons adolescents ?

OROU — C'est l'objet principal de l'éducation domestique et le point le plus important des mœurs publiques. Nos garçons jusqu'à l'âge de vingt-deux ans, deux ou trois ans au delà de la puberté, restent couverts d'une longue tunique et les reins ceints d'une petite chaîne [2]. Avant que d'être nubiles, nos filles n'oseraient sortir sans un voile blanc. Ôter sa chaîne, relever son voile est une faute qui se commet rarement, parce que nous leur en apprenons de bonne heure les fâcheuses conséquences [3]. Mais au moment où le mâle a pris toute sa force, où les symptômes virils ont de la continuité, et où l'effusion fréquente et la qualité de la liqueur séminale nous rassurent ; au moment où la jeune fille se fane, s'ennuie, est d'une maturité propre à concevoir

---

1. Voir note 1, p. 56. — 2. Diderot transpose, en l'appliquant aux adolescents, ce que Bougainville dit des personnages les plus importants (« ils s'enveloppent ordinairement d'une grande pièce d'étoffe qu'ils laissent tomber jusqu'aux genoux ») alors que, de tous les autres, sans distinction pour les adolescents, il écrit : « On voit souvent les Taïtiens nus, sans autre vêtement qu'une ceinture qui leur couvre les parties naturelles. » Nul voile blanc pour les adolescentes, mais la couleur blanche est bien évoquée... pour indiquer que les femmes, portant toutes des chapeaux, ont le visage plus blanc que les hommes. Diderot, à partir d'éléments fournis par le texte mais recomposés, construit une symbolique de la chasteté (voile, chaîne, blancheur...) qui a comme un parfum d'antiquité ; et, en y joignant un détail étrange (qui figure parmi d'autres, dont Diderot l'isole) — le majeur de la main droite, seul doigt ayant l'ongle coupé —, il accrédite la véracité de son exposé, selon sa théorie du petit fait vrai (voir la fin du conte *Les Deux Amis de Bourbonne*). — 3. On imagine mal ce que Diderot entend par là. Son discours, presque médical, peut suggérer qu'il prête à Orou des inquiétudes sur la qualité des êtres susceptibles de naître d'unions prématurées, alors qu'il est rassuré dès lors qu'il estime les conditions physiologiques réunies. Peut-être n'est-il fait allusion qu'aux conséquences légales, les punitions, au demeurant légères, précisées au chapitre IV, p. 73 et 76.

des désirs, à en inspirer et à les satisfaire avec utilité[1], le père détache la chaîne à son fils et lui coupe l'ongle du doigt du milieu de la main droite ; la mère relève le voile de sa fille. L'un peut solliciter une femme et en être sollicité ; l'autre se promener publiquement le visage découvert et la gorge nue, accepter ou refuser les caresses d'un homme ; on indique seulement d'avance au garçon les filles, à la fille les garçons qu'ils doivent préférer. C'est une grande fête que celle de l'émancipation d'une fille ou d'un garçon. Si c'est une fille, la veille, les jeunes garçons se rassemblent en foule autour de la cabane, et l'air retentit pendant toute la nuit du chant des voix et du son des instruments. Le jour, elle est conduite par son père et par sa mère dans une enceinte où l'on danse et où l'on fait l'exercice du saut, de la lutte et de la course. On déploie l'homme nu devant elle sous toutes les faces et dans toutes les attitudes. Si c'est un garçon, ce sont les jeunes filles qui font en sa présence les frais et les honneurs de la fête et exposent à ses regards la femme nue sans réserve et sans secret. Le reste de la cérémonie s'achève sur un lit de feuilles, comme tu l'as vu à ta descente parmi nous. A la chute du jour, la fille rentre dans la cabane de ses parents, ou passe dans la cabane de celui dont elle a fait choix et elle y reste tant qu'elle s'y plaît[2].

L'AUMÔNIER — Ainsi cette fête est ou n'est point un jour de mariage ?

OROU — Tu l'as dit.

A — Qu'est-ce que je vois là en marge ?

B — C'est une note où le bon aumônier dit que les préceptes des parents sur le choix des garçons et des filles étaient pleins de bon sens et d'observations très fines et très utiles, mais qu'il a supprimé ce catéchisme qui aurait paru à des gens aussi corrompus et aussi superficiels que nous

---

1. Voir Bernardin de Saint-Pierre et les premiers émois de Virginie. Diderot insiste lourdement sur la finalité procréatrice et sur l'utilité sociale de l'union des sexes. — 2. G. Chinard renvoie fort justement à la *Vie de Lycurgue* de Plutarque, dans laquelle on trouve décrits de tels ébats, « amorce qui attirait les jeunes gens à se marier ». Cette remarque est complétée par *DPV* qui souligne dans ce même texte l'allusion à la possibilité pour un mari âgé de mener un jeune homme « coucher avec sa femme pour la faire emplir de bonne semence ». Voir plus loin, IV, note 1, p. 78.

d'une licence impardonnable ; ajoutant toutefois que ce n'était pas sans regret qu'il avait retranché des détails où l'on aurait vu premièrement jusqu'où une nation qui s'occupe sans cesse d'un objet important peut être conduite dans ses recherches sans les secours de la physique et de l'anatomie. Secondement, la différence des idées de la beauté dans une contrée où l'on rapporte les formes au plaisir d'un moment, et chez un peuple où elles sont appréciées d'après une utilité plus constante. Là, pour être belle, on exige un teint éclatant, un grand front, de grands yeux, des traits fins et délicats, une taille légère, une petite bouche, de petites mains, un petit pied. Ici, presque aucun de ces éléments n'entre en calcul ; la femme sur laquelle les regards s'attachent et que le désir poursuit est celle qui promet beaucoup d'enfants, la femme du cardinal d'Ossat[1], et qui les promet actifs, intelligents, courageux, sains et robustes. Il n'y a presque rien de commun entre la Vénus d'Athènes et celle d'Otaïti ; l'une est Vénus galante, l'autre est Vénus féconde. Une Otaïtienne disait un jour avec mépris à une autre femme du pays : Tu es belle, mais tu fais de laids enfants ; je suis laide, mais je fais de beaux enfants, et c'est moi que les hommes préfèrent[2].

Après cette note de l'aumônier, Orou continue[3].

---

1. Dans la *Correspondance littéraire* du 15 novembre 1771, Diderot avait fait le compte rendu de *La Vie du cardinal d'Ossat* de Madame d'Arconville. Il s'agit non d'une scandaleuse femme de prêtre, même si le caractère malicieux de sa formulation n'a pu échapper à Diderot, mais de la femme telle que le cardinal la conçoit. En effet, *DPV* signale que « ce prélat du XVIe siècle [chargé de négocier des mariages princiers ou de les faire annuler] eut pour souci constant, conformément à la doctrine de son Église, la capacité ou l'incapacité de la femme à avoir des enfants ». — **2.** L'intérêt de cette relativisation idéologique ne doit pas nous masquer la distance que prend Diderot par rapport à sa source. Bougainville distingue effectivement « deux races d'hommes très différentes », l'une, la plus nombreuse, plus belle que l'autre ; mais d'Aotourou qui appartient à cette dernière, il écrit : « Il possède en intelligence ce qui lui manque du côté de la beauté. » Quant aux femmes, qualifiées de « nymphes » ou de « Vénus », elles n'apparaissent jamais que sous les formes les plus séduisantes : « Elles ont les traits assez délicats ; mais ce qui les distingue, c'est la beauté de leurs corps, dont les contours n'ont point été défigurés par quinze ans de torture [le port du corset par les Européennes] » (*Voyage* pp. 225-226 et 252-254). Rien qui fonde la hiérarchie des valeurs affirmée par Diderot. — **3.** L'histoire qui va suivre est un ajout qui ne figure que dans deux copies, dont celle de Léningrad qui nous sert de base. A l'origine mystification de Benjamin Franklin, publiée à Londres en 1747, cette histoire passa longtemps pour vraie. Elle fut publiée dans sa première version française dans l'*Histoire des deux Indes* (1770), puis remaniée

A — Avant qu'il reprenne son discours, j'ai une prière à vous faire, c'est de me rappeler une aventure arrivée dans la nouvelle Angleterre.

B — La voici. Une fille, Miss Polly Baker, devenue grosse pour la cinquième fois, fut traduite devant le tribunal de justice de Connecticut[1], près de Boston. La loi condamne toutes les personnes du sexe qui ne doivent le titre de mère qu'au libertinage à une amende ou à une punition corporelle, lorsqu'elles ne peuvent payer l'amende. Miss Polly en entrant dans la salle où les juges étaient assemblés, leur tint ce discours : « Permettez-moi, Messieurs, de vous adresser quelques mots. Je suis une fille malheureuse et pauvre, je n'ai pas le moyen de payer des avocats pour prendre ma défense, et je ne vous retiendrai pas longtemps. Je ne me flatte pas que dans la sentence que vous allez prononcer vous vous écartiez de la loi ; ce que j'ose espérer, c'est que vous daignerez implorer pour moi les bontés du gouvernement et obtenir qu'il me dispense de l'amende. Voici la cinquième fois, Messieurs, que je parais devant vous pour le même sujet ; deux fois j'ai payé des amendes onéreuses, deux fois j'ai subi une punition publique et honteuse parce que je n'ai pas été en état de payer. Cela peut être conforme à la loi, je ne le conteste point ; mais il y a quelquefois des lois injustes, et on les abroge, il y en a aussi de trop sévères, et la puissance législatrice peut dispenser de leur exécution. J'ose dire que celle qui me condamne est à la fois injuste en elle-même et trop sévère envers moi. Je n'ai jamais offensé personne dans le lieu où je vis, et je défie mes ennemis, si j'en ai quelques-uns, de pouvoir prouver que j'aie fait le moindre tort à un homme, à une femme, à un enfant. Permettez-moi d'oublier un

---

par Diderot pour les rééditions de 1774 et 1780. Dans celle de 1780, un ajout précise que, « si les femmes [...] avaient l'intrépidité de Polly Baker », on entendrait souvent un tel discours « dans nos contrées et partout où l'on attache des idées morales à des actions physiques qui n'en comportent point » ; on reconnaît le sous-titre du *Supplément* : « Dialogue entre A et B sur l'inconvénient d'attacher des idées morales à certaines actions physiques qui n'en comportent pas ». C'est sans doute vers 1780 que Diderot introduisit cette histoire dans le *Supplément* en la modifiant. On trouvera dans *DPV* (note 50 p. 614 et Appendice p. 645) des explications plus détaillées.

1. Diderot confond cet état avec une ville.

moment que la loi existe, alors je ne conçois pas quel peut être mon crime ; j'ai mis cinq beaux enfants au monde, au péril de ma vie, je les ai nourris de mon lait, je les ai soutenus par mon travail, et j'aurais fait davantage pour eux, si je n'avais pas payé des amendes qui m'en ont ôté les moyens. Est-ce un crime d'augmenter les sujets de Sa Majesté dans une nouvelle contrée qui manque d'habitants ? Je n'ai enlevé aucun mari à sa femme, ni débauché aucun jeune homme ; jamais on ne m'a accusée de ces procédés coupables, et si quelqu'un se plaint de moi, ce ne peut être que le ministre à qui je n'ai point payé de droits de mariage. Mais est-ce ma faute ? J'en appelle à vous, Messieurs ; vous me supposez sûrement assez de bon sens pour être persuadés que je préférerais l'honorable état de femme à la condition honteuse dans laquelle j'ai vécu jusqu'à présent. J'ai toujours désiré et je désire encore de me marier, et je ne crains point de dire que j'aurais la bonne conduite, l'industrie et l'économie convenables à une femme, comme j'en ai la fécondité. Je défie qui que ce soit de dire que j'aie refusé de m'engager dans cet état. Je consentis à la première et seule proposition qui m'en ait été faite, j'étais vierge encore ; j'eus la simplicité de confier mon honneur à un homme qui n'en avait point, il me fit mon premier enfant et m'abandonna. Cet homme, vous le connaissez tous, il est actuellement magistrat comme vous et s'assied à vos côtés ; j'avais espéré qu'il paraîtrait aujourd'hui au tribunal et qu'il aurait intéressé votre pitié en ma faveur, en faveur d'une malheureuse qui ne l'est que par lui ; alors j'aurais été incapable de l'exposer à rougir en rappelant ce qui s'est passé entre nous. Ai-je tort de me plaindre aujourd'hui de l'injustice des lois ? La première cause de mes égarements, mon séducteur, est élevé au pouvoir et aux honneurs par ce même gouvernement qui punit mes malheurs par le fouet et par l'infamie. On me répondra que j'ai transgressé les préceptes de la religion ; si mon offense est contre Dieu, laissez-lui le soin de m'en punir ; vous m'avez déjà exclue de la communion de l'Église, cela ne suffit-il pas ? Pourquoi au supplice de l'enfer que vous croyez m'attendre dans l'autre monde ajoutez-vous dans celui-ci les amendes et le fouet[1] ? Pardonnez, Messieurs, ces réflexions ; je ne suis point un théologien, mais j'ai peine à croire que ce me soit un grand crime d'avoir donné le jour à de beaux enfants que Dieu a doués d'âmes immortelles et qui l'adorent. Si vous faites des lois qui changent la nature des actions et en font des crimes, faites-en contre les célibataires dont le nombre augmente tous les jours, qui portent la séduction et l'opprobre dans les familles, qui trompent les jeunes filles comme je l'ai été, et qui les forcent à vivre dans l'état honteux dans lequel je vis au milieu d'une société qui les repousse et les méprise. Ce sont eux qui troublent la tranquillité publique ; voilà des crimes qui méritent plus que le mien l'animadversion[2] des lois. »

Ce discours singulier produisit l'effet qu'en attendait Miss Baker ; ses juges lui remirent l'amende et la peine qui en tient lieu. Son séducteur instruit de ce qui s'était passé, sentit le remords de sa première conduite, il voulut la réparer ; deux jours après il épousa Miss Baker, et fit une honnête femme de celle dont cinq ans auparavant il avait fait une fille publique[3].

A — Et ce n'est pas là un conte de votre invention ?

B — Non[4].

A — J'en suis bien aise.

B — Je ne sais si l'abbé Raynal ne rapporte pas le fait et le discours dans son Histoire du Commerce des deux Indes[5].

A — Ouvrage excellent et d'un ton si différent des précédents, qu'on a soupçonné l'abbé d'y avoir employé des mains étrangères[6].

---

1. Dans l'original anglais, Polly Baker demandait même qu'on lui élevât une statue pour avoir appliqué le « Croissez et multipliez » de la Bible. Voir note 6, p. 44. — **2.** Le blâme, le châtiment. — **3.** Cette fin est de Diderot. Dans l'histoire originale, Polly Baker était épousée par son juge. — **4.** On ne sait si Diderot, lui-même mystificateur (*La Religieuse, Mystification*), a été la dupe de cette fable. — **5.** Voir note 3, p. 66. Le titre exact de l'ouvrage de Raynal est *Histoire philosophique et politique des établissements et du commerce des Européens dans les deux Indes*. — **6.** Guillaume-Thomas Raynal, qui a collaboré à l'*Encyclopédie* et dirigé pendant quelques années le *Mercure de France* et la *Correspondance littéraire, philosophique et critique*, a publié quelques ouvrages médiocres avant sa grande œuvre. Qu'il se soit, pour la réaliser, effectivement entouré de quelques collaborateurs de ses amis, comme Diderot, d'Holbach et Naigeon, ne diminue pas son mérite.

B — C'est une injustice.

A — Ou une méchanceté. On dépèce le laurier qui ceint la tête d'un grand homme et on le dépèce si bien qu'il ne lui en reste plus qu'une feuille.

B — Mais le temps rassemble les feuilles éparses et refait la couronne.

A — Mais l'homme est mort, il a souffert de l'injure qu'il a reçue de ses contemporains, et il est insensible à la réparation qu'il obtient de la postérité.

IV[1]

OROU — L'heureux moment pour une jeune fille et pour ses parents que celui où sa grossesse est constatée ! Elle se lève, elle accourt, elle jette ses bras autour du cou de sa mère et de son père, c'est avec des transports d'une joie mutuelle qu'elle leur annonce et qu'ils apprennent cet événement. Maman, mon papa, embrassez-moi, je suis grosse[2] — Est-il bien vrai ? — Très vrai. — Et de qui l'êtes-vous ? — Je le suis d'un tel.

L'AUMÔNIER — Comment peut-elle nommer le père de son enfant ?

OROU — Pourquoi veux-tu qu'elle l'ignore ? Il en est de la durée de nos amours comme de celle de nos mariages ; elle est au moins d'une lune à la lune suivante.

L'AUMÔNIER — Et cette règle est bien scrupuleusement observée ?

OROU — Tu vas en juger. D'abord l'intervalle de deux

---

1. Cette coupure n'apparaît pas dans plusieurs copies, le texte se poursuivant jusqu'à une quatrième partie constituée par la « Suite du dialogue entre A et B », laquelle d'ailleurs commence parfois deux répliques plus tôt (« A — J'estime cet aumônier très poli », cf. p. 80), parfois deux répliques plus loin (« Ici le bon aumônier se plaint... », cf. p. 81) comme dans la *Correspondance littéraire* où l'indication « Dialogue entre A et B » est précédée de « Fin du Supplément au Voyage de Bougainville ». Nous continuons à suivre le texte et le découpage de la copie de Léningrad. — 2. Enceinte. On retrouve ici le sentimentalisme et l'attendrissement familial caractéristiques de Diderot. Le vouvoiement à la fille ne manque pas de nous ramener dans une bonne famille en France au XVIIIᵉ siècle, et produit une dissonance entre le ton de salon et le sujet abordé.

lunes n'est pas long ; mais lorsque deux pères ont une prétention bien fondée à la formation d'un enfant, il n'appartient plus à sa mère.

L'Aumônier — A qui appartient-il donc ?

Orou — A celui des deux à qui il lui plaît de le donner. Voilà tout son privilège ; et un enfant étant par lui-même un objet d'intérêt et de richesse, tu conçois que parmi nous les libertines sont rares et que les jeunes garçons s'en éloignent.

L'Aumônier — Vous avez donc aussi vos libertines ? J'en suis bien aise[1].

Orou — Nous en avons même de plus d'une sorte[2]. Mais tu m'écartes de mon sujet. Lorsqu'une de nos filles est grosse, si le père de l'enfant est un jeune homme beau, bien fait, brave, intelligent et laborieux, l'espérance que l'enfant héritera des vertus de son père renouvelle l'allégresse. Notre enfant n'a honte que d'un mauvais choix. Tu dois concevoir quel prix nous attachons à la santé, à la beauté, à la force, à l'industrie, au courage ; tu dois concevoir comment, sans que nous nous en mêlions[3], les prérogatives du sang doivent s'éterniser parmi nous. Toi, qui as parcouru différentes contrées, dis-moi si tu as remarqué dans aucune autant de beaux hommes et autant de belles femmes que dans Otaïti. Regarde-moi, comment me trouves-tu ? Eh bien, il y a dix mille hommes ici plus grands, aussi robustes, mais pas un plus brave que moi. Aussi les mères me désignent-elles souvent à leurs filles.

L'Aumônier — Mais de tous ces enfants que tu peux avoir faits hors de ta cabane, que t'en revient-il ?

Orou — Le quatrième mâle ou femelle. Il s'est établi parmi nous une circulation d'hommes, de femmes et d'en-

---

1. C'est par malice que Diderot prête ce sentiment à l'aumônier. Celui-ci est soulagé d'apprendre que la société européenne n'a pas l'exclusivité du libertinage et se réjouit peu chrétiennement de l'existence de libertines à Tahiti. — 2. Voir p. 73-76. — 3. Le sens de cette restrictive n'est pas très clair ; sans doute faut-il comprendre « sans que nous légiférions » ; c'est par une sorte de mouvement naturel que la volonté d'avoir des enfants aux grandes qualités physiques et morales pousse les filles à choisir qui fournira non tant du plaisir que la meilleure hérédité ; et réciproquement cultiver sa beauté et ses vertus (comme la bravoure d'Orou) garantit l'intérêt des jeunes filles. Voir notes 3, p. 77 et 1, p. 78.

fants, ou de bras de tout âge et de toute fonction, qui est bien d'une autre importance que celle de vos denrées qui n'en sont que le produit.

L'Aumônier — Je le conçois. Qu'est-ce que c'est que ces voiles noirs que j'ai rencontrés quelquefois ?

Orou — Le signe de la stérilité, vice de naissance ou suite de l'âge avancé. Celle qui quitte ce voile et se mêle avec les hommes est une libertine. Celui qui relève ce voile et s'approche de la femme stérile est un libertin[1].

L'Aumônier — Et ces voiles gris ?

Orou — Le signe de la maladie périodique[2]. Celle qui quitte ce voile et se mêle avec les hommes est une libertine. Celui qui le relève et s'approche de la femme malade est un libertin.

L'Aumônier — Avez-vous des châtiments pour ce libertinage ?

Orou — Point d'autres que le blâme.

L'Aumônier — Un père peut-il coucher avec sa fille, une mère avec son fils, un frère avec sa sœur, un mari avec la femme d'un autre[3] ?

Orou — Pourquoi non ?

L'Aumônier — Passe pour la fornication[4] ; mais l'inceste ! mais l'adultère !

Orou — Qu'est-ce que tu veux dire avec tes mots fornication, inceste, adultère ?

L'Aumônier — Des crimes, des crimes énormes pour l'un desquels l'on brûle dans mon pays[5].

Orou — Qu'on brûle ou qu'on ne brûle pas dans ton pays, peu m'importe. Mais tu n'accuseras pas les mœurs d'Europe par celles d'Otaïti, ni par conséquent les mœurs

---

1. Sont donc considérés comme libertins les actes sexuels improductifs. — 2. Orou évoque ainsi la menstruation, les « règles » féminines. — 3. A l'inverse cette fois, les rapports sexuels, condamnés en Europe, comme l'inceste ou l'adultère, sont admis car susceptibles de procréer. — 4. « Union illégitime de deux personnes libres, et non parentes, [c'] est proprement un commerce charnel, dont le prêtre n'a point donné la permission » *(Encyclopédie).* — 5. « Il y a encore eu un exemple en exécution d'un arrêt du 5 juin 1750, contre deux particuliers qui furent brûlés vifs en place de Grève » rappelle l'*Encyclopédie* à l'article « Sodomie ». « Crime de ceux qui commettent des impuretés contraires même à l'ordre de la nature », la *sodomie* désigne alors également la masturbation. Le terme « énorme » doit être pris au sens étymologique : hors de la norme, anormal.

---

d'Otaïti par celles de ton pays[1]. Il nous faut une règle plus sûre ; et quelle sera cette règle ? En connais-tu une autre que le bien général et l'utilité particulière ? A présent dis-moi ce que ton crime inceste a de contraire à ces deux fins de nos actions. Tu te trompes, mon ami, si tu crois qu'une loi une fois publiée, un mot ignominieux inventé, un supplice décerné, tout est dit. Réponds-moi donc. Qu'entends-tu par inceste ?

L'Aumônier — Mais un inceste...

Orou — Un inceste... Y a-t-il longtemps que ton grand ouvrier sans tête, sans mains et sans outils[2], a fait le monde ?

L'Aumônier — Non.

Orou — Fit-il toute l'espèce humaine à la fois ?

L'Aumônier — Il créa seulement une femme et un homme.

Orou — Eurent-ils des enfants ?

L'Aumônier — Assurément.

Orou — Suppose que ces deux premiers parents n'aient eu que des filles et que leur mère soit morte la première, ou qu'ils n'aient eu que des garçons et que la femme ait perdu son mari[3].

L'Aumônier — Tu m'embarrasses ; mais tu as beau dire, l'inceste est un crime abominable, et parlons d'autre chose.

Orou — Cela te plaît à dire. Je me tais, moi, tant que tu ne m'auras pas dit ce que c'est que le crime abominable inceste.

L'Aumônier — Eh bien, je t'accorde que peut-être l'inceste ne blesse en rien la nature, mais ne suffit-il pas qu'il menace la constitution politique ? Que deviendraient la sûreté d'un chef et la tranquillité d'un État, si toute une nation composée de plusieurs millions d'hommes se trou-

---

1. Formulation explicite de la relativité des mœurs et du respect des différences, qui annonce la fin du texte : « Imitons le bon aumônier, moine en France, sauvage dans Otaïti. » La règle dès lors ne peut être absolue mais elle-même relative, « le bien général et l'utilité particulière » n'étant pas les mêmes partout et toujours. — 2. Dieu, tel qu'il a été présenté au début de l'« Entretien... » (III). — 3. A l'article « Inceste », l'*Encyclopédie* rappelle l'impossibilité pour les enfants et descendants ultérieurs d'Adam et Ève de s'en dispenser.

vait rassemblée autour d'une cinquantaine de pères de famille ?

OROU — Le pis-aller, c'est qu'où il n'y a qu'une grande société, il y en aurait cinquante petites : plus de bonheur et un crime de moins.

L'AUMÔNIER — Je crois cependant que même ici un fils couche rarement avec sa mère.

OROU — A moins qu'il n'ait beaucoup de respect pour elle et une tendresse qui lui fasse oublier la disparité d'âge et préférer une femme de quarante ans à une fille de dix-neuf.

L'AUMÔNIER — Et le commerce des pères avec leurs filles ?

OROU — Guère plus fréquent, à moins que la fille ne soit laide et peu recherchée. Si son père l'aime, il s'occupe à lui préparer sa dot en enfants [1].

L'AUMÔNIER — Cela me fait imaginer que le sort des femmes que la nature a disgraciées ne doit pas être heureux dans Otaïti.

OROU — Cela me prouve que tu n'as pas une haute opinion de la générosité de nos jeunes gens.

L'AUMÔNIER — Pour les unions des frères et des sœurs, je ne doute pas qu'elles ne soient très communes.

OROU — Et très approuvées [2].

L'AUMÔNIER — A t'entendre, cette passion [3] qui produit tant de crimes et de maux dans nos contrées, serait ici tout à fait innocente.

OROU — Étranger, tu manques de jugement et de

---

1. Peu à peu apparaît la démarche de Diderot : Tahiti n'est pas pour lui une réalité dont il faut donner l'idée la plus véridique mais une preuve, trafiquée pour la « bonne cause », de la légitime diversité des coutumes. Il faut donc se garder (c'est au reste vrai de tous ses dialogues) d'identifier Diderot et l'un de ses personnages, ce que la dénonciation du colonialisme par le vieillard nous invitait à faire. Même s'il partage partiellement le point de vue critique d'Orou sur la société occidentale, Diderot n'est pas Orou et ne prétend pas qu'un père aimant doit faire des enfants à sa fille ; mais il pousse la logique du natalisme jusqu'à ses conclusions logiques extrêmes. Voir l'introduction. — 2. Montesquieu et Voltaire ont tenté de dédramatiser et relativiser la question de l'inceste. Sur l'ensemble de la question, se reporter à Georges Benrekassa : *Le Concentrique et l'excentrique* (Paris, 1980) : « Loi naturelle et loi civile : l'idéologie des Lumières et la prohibition de l'inceste » (pp. 183-209). — 3. Les différentes formes d'inceste ayant été évoquées, Diderot revient à l'ensemble des pratiques sexuelles, à la passion amoureuse en général.

mémoire. De jugement, car partout où il y a défense il faut qu'on soit tenté de faire la chose défendue et qu'on la fasse. De mémoire, puisque tu ne te souviens plus de ce que je t'ai dit. Nous avons de vieilles dissolues qui sortent la nuit sans leur voile noir et reçoivent des hommes lorsqu'il ne peut rien résulter de leur approche ; si elles sont reconnues ou surprises, l'exil au nord de l'île ou l'esclavage est leur châtiment. Des filles précoces qui relèvent leur voile blanc [1] à l'insu de leurs parents, et nous avons pour elles un lieu fermé dans la cabane. Des jeunes hommes qui déposent leur chaîne avant le temps prescrit par la nature et par la loi, et nous en réprimandons leurs parents. Des femmes à qui le temps de la grossesse paraît long ; des femmes et des filles peu scrupuleuses à garder leur voile gris ; mais dans le fait nous n'attachons pas une grande importance à toutes ces fautes, et tu ne saurais croire combien l'idée de richesse particulière ou publique unie dans nos têtes à l'idée de population épure nos mœurs sur ce point.

L'Aumônier — La passion de deux hommes pour une même femme, ou le goût de deux femmes ou de deux filles pour un même homme n'occasionnent-ils point de désordres ?

Orou — Je n'en ai pas encore vu quatre exemples. Le choix de la femme ou celui de l'homme finit tout. La violence d'un homme serait une faute grave, mais il faut une plainte publique, et c'est presque inouï qu'une fille ou qu'une femme se soit plainte. La seule chose que j'aie remarquée, c'est que nos femmes ont moins de pitié des hommes laids que nos jeunes gens des femmes disgraciées, et nous n'en sommes pas fâchés.

L'Aumônier — Vous ne connaissez guère la jalousie, à ce que je vois ; mais la tendresse maritale, l'amour paternel, ces deux sentiments si puissants et si doux, s'ils ne sont pas étrangers ici, y doivent être assez faibles.

Orou — Nous y avons suppléé par un autre qui est tout autrement [2] général, énergique et durable, l'intérêt. Mets la main sur la conscience, laisse là cette fanfaronnade de vertu qui est sans cesse sur les lèvres de tes camarades et qui ne

---

1. Voir page 64. — 2. Bien plus.

réside pas au fond de leur cœur ; dis-moi si dans quelque contrée que ce soit il y a un père qui, sans la honte qui le retient, n'aimât mieux perdre son enfant, un mari qui n'aimât mieux perdre sa femme que sa fortune et l'aisance de toute sa vie [1]. Sois sûr que partout où l'homme sera attaché à la conservation de son semblable comme à son lit, à sa santé, à son repos, à sa cabane, à ses fruits, à ses champs, il fera pour lui tout ce qu'il est possible de faire. C'est ici que les pleurs trempent la couche d'un enfant qui souffre ; c'est ici que les mères sont soignées dans la maladie ; c'est ici qu'on prise une femme féconde, une fille nubile, un garçon adolescent ; c'est ici qu'on s'occupe de leur institution, parce que leur conservation est toujours un accroissement, et leur perte toujours une diminution de fortune.

L'Aumônier — Je crains bien que ce sauvage n'ait raison. Le paysan misérable de nos contrées qui excède sa femme pour soulager son cheval, laisse périr son enfant sans secours et appelle le médecin pour son bœuf....

Orou — Je n'entends pas trop ce que tu viens de dire ; mais à ton retour dans ta patrie si policée [2], tâche d'y introduire ce ressort, et c'est alors qu'on y sentira le prix de l'enfant qui naît et l'importance de la population [3]. Veux-tu que je te révèle un secret ? mais prends garde qu'il ne t'échappe. Vous arrivez, nous vous abandonnons nos femmes et nos filles, vous vous en étonnez, vous nous en témoignez une gratitude qui nous fait rire. Vous nous remerciez, lorsque nous asseyons sur toi et sur tes compagnons la plus forte de toutes les impositions. Nous ne t'avons point demandé d'argent, nous ne nous sommes point jetés sur tes marchandises, nous avons méprisé tes denrées ; mais nos femmes et nos filles sont venues exprimer le sang de tes veines. Quand tu t'éloigneras, tu nous auras laissé des enfants ; ce tribut levé sur ta personne, sur ta propre substance, à ton avis n'en vaut-il pas

---

1. « Croit-on qu'il n'y ait point d'enfants parmi nous, à qui le désir de jouir promptement d'une grande fortune ne fasse trouver la vie de leurs pères trop longue. J'aimerais à me le persuader. Le cœur du sauvage, à qui son père n'a rien à laisser, est étranger à cette espèce de parricide » Diderot, *Pensées détachées*, « Sur les nations sauvages ». — 2. Civilisée, régie par des règles de politesse et de savoir-vivre. — 3. Montesquieu est, comme Diderot, inquiet du risque de « dépopulation » et persuadé de la nécessité de légiférer pour accroître les naissances chez les peuples policés d'Europe.

bien un autre ? et si tu veux en apprécier la valeur, imagine que tu aies deux cents lieues de côtes à courir, et qu'à chaque vingt milles on te mette à pareille contribution. Nous avons des terres immenses en friche, nous manquons de bras, et nous t'en avons demandé : nous avons des calamités épidémiques à réparer, et nous t'avons employé à réparer le vide qu'elles laisseront ; nous avons des ennemis voisins à combattre, un besoin de soldats, et nous t'avons prié de nous en faire ; le nombre de nos femmes et de nos filles est trop grand pour celui des hommes, et nous t'avons associé à notre tâche ; parmi ces femmes et ces filles il y en a dont nous n'avons jamais pu obtenir d'enfants, et ce sont celles que nous avons exposées à vos premiers embrassements. Nous avons à payer une redevance en hommes, à un voisin oppresseur, c'est toi et tes camarades qui nous défrayeront, et dans cinq à six ans nous lui enverrons vos fils, s'ils valent moins que les nôtres. Plus robustes, plus sains que vous, nous nous sommes aperçus au premier coup d'œil que vous nous surpassiez en intelligence, et sur-le-champ nous vous avons destiné quelques-unes de nos femmes et de nos filles les plus belles à recueillir la semence d'une race meilleure que la nôtre [1]. C'est un essai que nous avons tenté et qui pourra nous réussir. Nous avons tiré de toi et des tiens le seul parti que nous en pouvions tirer, et crois que tout sauvages que nous sommes, nous savons aussi calculer. Va où tu voudras, et tu trouveras presque toujours l'homme aussi fin que toi. Il ne te donnera jamais que ce qui ne lui est bon à rien et te demandera toujours ce qui lui est utile : s'il te présente un morceau d'or pour un morceau de fer, c'est qu'il ne fait aucun cas de

---

1. Le sperme apparaît donc crûment sous la forme d'une marchandise (*imposition, argent, marchandises, denrées, tribut, valeur, calculer, contribution, défrayeront* ...), objet d'un troc inégal dans la relation sexuelle : plaisir contre semence + plaisir, ou si l'on veut d'un impôt sur le troc des plaisirs. Cette nouvelle manifestation d'eugénisme a été rapprochée par G. Chinard de la thèse de Vandermonde, *Essai sur la manière de perfectionner l'espèce humaine* (Paris, 1756), prônant les croisements pour les hommes comme pour les animaux et critiquant, comme Buffon, les alliances consanguines, sources de dégénérescence. *DPV* rappelle que Diderot pour sa part, dans les *Pensées détachées*, « Des colonies en général », fonde sur le métissage délibéré de populations étrangères l'une à l'autre le moyen d'éviter l'extermination et de créer les liens d'« une seule et même famille ».

l'or et qu'il prise le fer[1]. Mais dis-moi donc pourquoi tu n'es pas vêtu comme les autres ? Que signifie cette casaque longue qui t'enveloppe de la tête aux pieds et ce sac pointu que tu laisses tomber sur tes épaules ou que tu ramènes sur tes oreilles ?

L'Aumônier — C'est que tel que tu me vois, je me suis engagé dans une société d'hommes qu'on appelle dans mon pays des moines. Le plus sacré de leurs vœux est de n'approcher d'aucune femme et de ne point faire d'enfants[2].

Orou — Que faites-vous donc ?

L'Aumônier — Rien[3].

Orou — Et ton magistrat souffre cette espèce de paresseux, la pire de toutes ?

L'Aumônier — Il fait plus, il la respecte et la fait respecter.

Orou — Ma première pensée était que la nature, quelque accident ou un art cruel[4] vous avait privés de la faculté de produire votre semblable, et que par pitié on aimait mieux vous laisser vivre que de vous tuer. Mais, Moine, ma fille m'a dit que tu étais un homme et un homme aussi robuste qu'un Otaïtien, et qu'elle espérait que tes caresses réitérées ne seraient pas infructueuses. A présent que j'ai compris pourquoi tu t'es écrié hier au soir Mais ma religion ! mais mon état ! pourrais-tu m'apprendre le motif de la faveur et du respect que les magistrats vous accordent ?

L'Aumônier — Je l'ignore.

Orou — Tu sais au moins par quelle raison, étant homme, tu t'es librement condamné à ne le pas être ?

---

1. On retrouve des formulations très proches dans les *Pensées détachées* ; voir *DPV*. — 2. « Sur le gouvernement ecclésiastique » dans les *Mélanges*, que cite *DPV* : « [Que le prêtre] soit chaste, docile, indigent même ; s'il n'aime pas les femmes ; s'il est d'un caractère abject, et s'il préfère du pain et de l'eau à toutes les commodités de la vie. Mais qu'il lui soit défendu d'en faire le vœu. Le vœu de chasteté répugne à la nature et nuit à la population. » — 3. Réponse dont Diderot fait à l'évidence une provocation. On trouve cette critique déjà chez La Hontan qui fait dire à Adario : « Ces gens-là font un crime en jurant la continence, car Dieu ayant créé autant d'hommes que de femmes, il a voulu que les uns et les autres travaillassent à la propagation du genre humain [...]. Les gens qui ne font pas ainsi sont inutiles au monde, ne sont bons que pour eux-mêmes et ils volent à la terre le blé qu'elle leur donne... » (*ES*, p. 103 ; *Desjonquères*, p. 53). — 4. Orou envisage les causes naturelles (congénitales ou dues à la maladie), accidentelles ou artificielles (pratiquées par l'homme, comme la castration), de la stérilité ou de l'impuissance.

L'Aumônier — Cela serait trop long et trop difficile à t'expliquer.

Orou — Et ce vœu de stérilité, le moine y est-il bien fidèle ?

L'Aumônier — Non.

Orou — J'en étais sûr. Avez-vous aussi des moines femelles ?

L'Aumônier — Oui.

Orou — Aussi sages que les moines mâles ?

L'Aumônier — Plus renfermées, elles sèchent de douleur, périssent d'ennui[1].

Orou — Et l'injure faite à la nature est vengée. Ô le vilain pays ! si tout y est ordonné comme ce que tu m'en dis, vous êtes plus barbares que nous.

Le bon aumônier raconte qu'il passa le reste de la journée à parcourir l'île, à visiter les cabanes, et que le soir, après souper, le père et la mère l'ayant supplié de coucher avec la seconde de leurs filles, Palli s'était présentée dans le même déshabillé que Thia, et qu'il s'était écrié plusieurs fois pendant la nuit Mais ma religion ! mais mon état ! que la troisième nuit il avait été agité des mêmes remords avec Asto l'aînée, et que la quatrième, il l'avait accordée par honnêteté[2] à la femme de son hôte.

A — J'estime cet aumônier poli.

B — Et moi beaucoup davantage les mœurs des Otaïtiens et le discours d'Orou[3].

---

1. Voir en particulier *La Religieuse*. Mais dans ce roman, comme dans plusieurs pièces de théâtre interdites avant la Révolution et qui seront jouées grâce à la liberté nouvelle des théâtres après 1789 (en particulier *Les Victimes cloîtrées* de Monvel), s'ajoute le thème des vœux forcés et non « librement » consentis. — 2. On appréciera l'ironie de Diderot qui fait résister l'aumônier parce que « sa religion, son état, les bonnes mœurs et l'honnêteté ne lui permettaient pas d'accepter ses offres », le fait céder par trois fois à la tentation avec « remords », puis une quatrième fois « par honnêteté », le mot signifiant cette fois « politesse » comme le confirme le commentaire de A, afin de ne pas manifester une désobligeante discrimination envers la mère des trois jeunes filles ! — 3. Dans cet échange final, et nonobstant l'ironie, A occupe la position de l'homme civilisé (critère de civilité, camp de l'aumônier) tandis que B choisit celle de « l'homme naturel », ou du moins proche de la nature : l'existence des Tahitiens venant cautionner (ils existent ; ce n'est donc pas une utopie) des mœurs partiellement avérées mais aussi revues et corrigées en une théorie populationniste dans le discours d'Orou. Cette opposition a permis la relativisation de la morale, rapportée aux conditions matérielles (historique et géographique en particulier) dans lesquelles elle prend sa valeur.

SUITE DU DIALOGUE ENTRE A ET B

A — Quoiqu'un peu modelé à l'européenne.

B — Je n'en doute pas. –

Ici le bon aumônier se plaint de la brièveté de son séjour dans Otaïti[2] et de la difficulté de mieux connaître les usages d'un peuple assez sage pour s'être arrêté de lui-même à la médiocrité[3], ou assez heureux pour habiter un climat dont la fertilité lui assurait un long engourdissement ; assez actif pour s'être mis à l'abri des besoins absolus de la vie, et assez indolent pour que son innocence, son repos et sa félicité n'eussent rien à redouter d'un progrès trop rapide de ses lumières. Rien n'y était mal par l'opinion ou par la loi que ce qui était mal de sa nature. Les travaux et les récoltes s'y faisaient en commun. L'acception du mot propriété y était très étroite. La passion de l'amour, réduite à un simple

---

1. Voir IV, note 1, p. 71 — 2. Bougainville est resté neuf jours seulement. — 3. Situation moyenne, entre les extrêmes (le trop et le pas assez). Le terme n'a pas valeur péjorative dans l'Antiquité ni à l'époque classique. C'est au contraire un idéal de sagesse. Diderot formule à plusieurs reprises l'idée que « l'industrie de l'homme est allée beaucoup trop loin et que si elle se fût arrêtée beaucoup plus tôt et qu'il fût possible de simplifier son ouvrage, nous n'en serions pas plus mal » *(Réfutation d'Helvétius)*.

appétit physique [1], n'y produisait aucun de nos désordres. L'île entière offrait l'image d'une seule famille nombreuse dont chaque cabane représentait les divers appartements d'une de nos grandes maisons. Il finit par protester que ces Otaïtiens seront toujours présents à sa mémoire ; qu'il avait été tenté de jeter ses vêtements dans le vaisseau et de passer le reste de ses jours parmi eux, et qu'il craint bien de se repentir plus d'une fois de ne l'avoir pas fait.

A — Malgré cet éloge, quelles conséquences utiles à tirer des mœurs et des usages bizarres d'un peuple non civilisé ?

B — Je vois qu'aussitôt que quelques causes physiques, telles, par exemple, que la nécessité de vaincre, l'ingratitude du sol ont mis en jeu la sagacité de l'homme, cet élan le conduit bien au delà du but, et que le terme du besoin passé, on est porté dans l'océan sans bornes des fantaisies, d'où l'on ne se tire plus. Puisse l'heureux Otaïtien s'arrêter où il en est ! Je vois, qu'excepté dans ce recoin écarté de notre globe, il n'y a point eu de mœurs, et qu'il n'y en aura peut-être jamais nulle part.

A — Qu'entendez-vous donc par des mœurs ?

B — J'entends une soumission générale et une conduite conséquente à des lois bonnes ou mauvaises. Si les lois sont bonnes, les mœurs sont bonnes ; si les lois sont mauvaises, les mœurs sont mauvaises. Si les lois, bonnes ou mauvaises, ne sont point observées, la pire condition d'une société, il n'y a point de mœurs. Or comment voulez-vous que des lois s'observent quand elles se contredisent ? Parcourez l'histoire des siècles et des nations tant anciennes que modernes, et vous trouverez les hommes assujettis à trois codes, le code de la nature, le code civil et le code religieux, et contraints d'enfreindre alternativement ces trois codes qui n'ont jamais été d'accord ; d'où il est arrivé

---

1. Diderot reprend cette distinction de Buffon (*Discours sur la nature des animaux*). Rousseau également qui écrit : « Commençons par distinguer le moral du physique dans le sentiment de l'amour. Le physique est ce désir général qui porte un sexe à s'unir à l'autre ; le moral est ce qui détermine ce désir et le fixe sur un seul objet exclusivement, ou qui du moins lui donne pour cet objet préféré un plus grand degré d'énergie » (*Discours sur l'origine de l'inégalité*).

qu'il n'y a eu dans aucune contrée, comme Orou l'a deviné de la nôtre, ni homme, ni citoyen, ni religieux.

A —   D'où vous conclurez sans doute qu'en fondant la morale sur les rapports éternels qui subsistent entre les hommes, la loi religieuse devient peut-être superflue, et que la loi civile ne doit être que l'énonciation de la loi de nature[1].

B —   Et cela sous peine de multiplier les méchants, au lieu de faire des bons.

A —   Ou que si l'on juge nécessaire de les conserver toutes trois, il faut que les deux dernières ne soient que des calques rigoureux de la première que nous apportons gravée au fond de nos cœurs et qui sera toujours la plus forte[2].

B —   Cela n'est pas exact. Nous n'apportons en naissant qu'une similitude d'organisation avec d'autres êtres, les mêmes besoins, de l'attrait vers les mêmes plaisirs, une aversion commune pour les mêmes peines, ce qui constitue l'homme ce qu'il est et doit fonder la morale qui lui convient.

A —   Cela n'est pas aisé.

B —   Cela est si difficile que je croirais volontiers le peuple le plus sauvage de la terre, l'Otaïtien qui s'en est tenu scrupuleusement à la loi de nature, plus voisin d'une bonne législation qu'aucun peuple civilisé.

A —   Parce qu'il lui est plus facile de se défaire de son

---

1. *DPV* (note 67, p. 646), insistant sur la continuité de la pensée de Diderot, renvoie aux « articles *CYNIQUE, *HÉRACLITISME, PÉRIPATÉTICIENNE, PLATONISME, SOCRATISME, STOÏCISME (au-delà même, jusqu'à l'*Essai sur le mérite et la vertu*) pour retrouver l'origine lointaine des idées développées dans le *Supplément* et dans l'*Histoire [des deux Indes]*, au sujet de la loi naturelle. Trois des principes de Diogène le cynique les résument : "On doit plus à la nature qu'à la loi... Il n'y a point de société sans loi [...]. Si les lois sont mauvaises, l'homme est plus malheureux et plus méchant dans la société que dans la nature » (*DPV*, VI, 540) — 2. Reprise du thème abordé dans l'« Entretien... » (voir III, note 1, p. 59). Dans l'*Histoire des deux Indes* (Livre XIX, chap. 14), Diderot revient sur ces trois codes souvent contradictoires et écrit : « ... alternativement infracteurs de ces différentes autorités, nous n'en respecterons aucune ; et [...] nous ne serons ni hommes, ni citoyens, ni pieux. Les bonnes mœurs exigeraient donc une réforme préliminaire qui réduisît les codes à l'identité. La religion ne devrait nous défendre ou ne nous prescrire que ce qui nous serait prescrit ou défendu par la loi civile, et les lois civiles et religieuses se modeler sur la loi naturelle qui a été, qui est et qui sera toujours la plus forte. » Diderot avait déjà formulé cette théorie dans le *Salon de 1767*.

trop de rusticité qu'à nous de revenir sur nos pas et de réformer nos abus.

B — Surtout ceux qui tiennent à l'union de l'homme avec la femme.

A — Cela se peut ; mais commençons par le commencement. Interrogeons bonnement la nature, et voyons sans partialité ce qu'elle nous répondra sur ce point.

B — J'y consens.

A — Le mariage est-il dans la nature ?

B — Si vous entendez par le mariage la préférence qu'une femelle accorde à un mâle sur tous les autres mâles, ou celle qu'un mâle donne à une femelle sur toutes les autres femelles, préférence mutuelle en conséquence de laquelle il se forme une union plus ou moins durable qui perpétue l'espèce par la reproduction des individus, le mariage est dans la nature[1].

A — Je le pense comme vous ; car cette préférence se remarque non seulement dans l'espèce humaine, mais encore dans les autres espèces d'animaux, témoin ce nombreux cortège de mâles qui poursuivent une même femelle, au printemps, dans nos campagnes, et dont un seul obtient le titre de mari. Et la galanterie ?

B — Si vous entendez par galanterie cette variété de moyens énergiques ou délicats que la passion inspire soit au mâle, soit à la femelle, pour obtenir cette préférence qui conduit à la plus douce, la plus importante et la plus générale des jouissances, la galanterie est dans la nature.

A — Je le pense comme vous : témoin toute cette diversité de gentillesses pratiquée par le mâle pour plaire à la femelle, et par la femelle pour irriter la passion et fixer le goût du mâle. Et la coquetterie ?

---

1. Voir ci-dessus note 1, p. 82. « Réduite à un simple appétit physique » chez les Tahitiens selon l'aumônier, la passion amoureuse naturelle semble ici acquérir un caractère « moral » par l'apparition d'une « préférence ». On voit que B se sépare ici de Rousseau, qui dénie d'ailleurs explicitement cette qualité morale de l'amour aux sauvages : « Le moral de l'amour est un sentiment factice [...]. Ce sentiment étant fondé sur certaines notions du mérite ou de la beauté qu'un sauvage n'est point en état d'avoir, et sur des comparaisons qu'il n'est point en état de faire, doit être presque nul pour lui [...]. Il écoute uniquement le tempérament qu'il a reçu de la nature, et non le goût qu'il n'a pu acquérir, et toute femme est bonne pour lui » (*Discours sur l'origine de l'inégalité...*).

Habitants des îles du Pacifique.
Gravures du début du XIXe siècle.

B — C'est un mensonge qui consiste à simuler une passion qu'on ne sent pas et à promettre une préférence qu'on n'accordera point. Le mâle coquet se joue de la femelle, la femelle coquette se joue du mâle, jeu perfide qui amène quelquefois les catastrophes les plus funestes, manège ridicule dont le trompeur et le trompé sont également châtiés par la perte des instants les plus précieux de leur vie.

A — Ainsi la coquetterie, selon vous, n'est pas dans la nature ?

B — Je ne dis pas cela.

A — Et la constance ?

B — Je ne vous en dirai rien de mieux que ce qu'en a dit Orou à l'aumônier : pauvre vanité de deux enfants qui s'ignorent eux-mêmes et que l'ivresse d'un instant aveugle sur l'instabilité de tout ce qui les entoure.

A — Et la fidélité, ce rare phénomène ?

B — Presque toujours l'entêtement et le supplice de l'honnête homme et de l'honnête femme dans nos contrées ; chimère à Otaïti.

A — La jalousie ?

B — Passion d'un animal indigent et avare qui craint de manquer ; sentiment injuste de l'homme : conséquence de nos fausses mœurs et d'un droit de propriété étendu sur un objet sentant, pensant, voulant et libre.

A — Ainsi la jalousie, selon vous, n'est pas dans la nature ?

B — Je ne dis pas cela. Vices et vertus, tout est également dans la nature [1].

A — Le jaloux est sombre.

B — Comme le tyran, parce qu'il en a la conscience.

A — La pudeur ?

B — Mais vous m'engagez là dans un cours de morale galante. L'homme ne veut être ni troublé ni distrait dans ses jouissances ; celles de l'amour sont suivies d'une faiblesse qui l'abandonnerait à la merci de son ennemi. Voilà tout ce qu'il pourrait y avoir de naturel dans la pudeur, le reste est d'institution. L'aumônier remarque dans un troi-

---

1. Voir l'Introduction.

sième morceau que je ne vous ai point lu que l'Otaïtien ne rougit pas des mouvements involontaires qui s'excitent en lui à côté de sa femme, au milieu de ses filles, et que celles-ci en sont spectatrices, quelquefois émues, jamais embarrassées. Aussitôt que la femme devint la propriété de l'homme et que la jouissance furtive d'une fille fut regardée comme un vol, on vit naître les termes pudeur, retenue, bienséance, des vertus et des vices imaginaires, en un mot entre les deux sexes des barrières qui empêchassent de s'inviter réciproquement à la violation des lois qu'on leur avait imposées, et qui produisirent souvent un effet contraire en échauffant l'imagination et en irritant les désirs[1]. Lorsque je vois des arbres plantés autour de nos palais et un vêtement de cou qui cache et montre une partie de la gorge d'une femme, il me semble reconnaître un retour secret vers la forêt et un appel à la liberté première de notre ancienne demeure. L'Otaïtien nous dirait : Pourquoi te caches-tu ? De quoi es-tu honteuse ? Fais-tu le mal quand tu cèdes à l'impulsion la plus auguste de la nature ? Homme, présente-toi franchement, si tu plais ; femme, si cet homme te convient, reçois-le avec la même franchise.

A — Ne vous fâchez pas. Si nous débutons comme des hommes civilisés, il est rare que nous ne finissions pas comme l'Otaïtien.

B — Oui, mais ces préliminaires de convention consument la moitié de la vie d'un homme de génie[2].

A — J'en conviens ; mais qu'importe, si cet élan pernicieux de l'esprit humain contre lequel vous vous êtes récrié tout à l'heure en est d'autant ralenti ? Un philosophe de nos jours interrogé pourquoi les hommes faisaient la cour aux femmes et non les femmes la cour aux hommes,

---

1. Propriété->organisation->lois civiles et morales->interdits->transgression ; tout ceci étant qualifié d'artificiel (et même d'imaginaire) puisque provoqué par ce qui n'est pas dans la nature (donc tout n'y est pas ?), la propriété... — 2. Ce passage assure un glissement du comportement « naturel » dicté par la situation particulière du Tahitien au comportement civilisé. Aux arbres, palais, vêtement de cou (mi-voilant, mi-révélant) se substituent en effet forêt, ancienne demeure, [nudité], justifiant un retour en force de la « nature » après des « préliminaires de convention », jugés trop longs pour « l'homme de génie »... Mais si l'aumônier était, à Tahiti, justifié de s'intégrer aux mœurs du lieu, il n'en va plus de même dans cette réflexion plus personnelle et parisienne !

répondit qu'il était naturel de demander à celui qui pouvait toujours accorder[1].

B — Cette raison m'a paru de tout temps plus ingénieuse que solide. La nature indécente[2], si vous voulez, presse indistinctement un sexe vers l'autre, et dans un état de l'homme triste et sauvage qui se conçoit et qui peut-être n'existe nulle part...

A — Pas même à Otaïti ?

B — Non ; l'intervalle qui séparerait un homme d'une femme serait franchi par le plus amoureux. S'ils s'attendent, s'ils se fuient, s'ils se poursuivent, s'ils s'évitent, s'ils s'attaquent, s'ils se défendent, c'est que la passion inégale dans ses progrès ne s'explique pas[3] en eux de la même force ; d'où il arrive que la volupté se répand, se consomme et s'éteint d'un côté, lorsqu'elle commence à peine à s'élever de l'autre, et qu'ils en restent tristes tous deux[4]. Voilà l'image fidèle de ce qui se passerait entre deux êtres libres, jeunes et parfaitement innocents. Mais lorsque la femme a connu par l'expérience ou l'éducation les suites plus ou moins cruelles d'un moment doux, son cœur frissonne à l'approche de l'homme. Le cœur de l'homme ne frissonne point ; ses sens commandent et il obéit. Les sens de la femme s'expliquent et elle craint de les écouter ; c'est l'affaire de l'homme que de la distraire de sa crainte, de l'enivrer et de la séduire. L'homme conserve toute son impulsion naturelle vers la femme ; l'impulsion naturelle de la femme vers l'homme, dirait un géomètre, est en raison composée de la directe de la passion et de l'inverse de la crainte[5], raison qui se complique d'une multitude d'éléments divers dans nos sociétés, éléments qui concourent presque tous à accroître la pusillanimité[6] d'un sexe et la durée de la poursuite de l'autre. C'est une espèce de tacti-

---

1. Point de vue masculin qui oppose une supposée disponibilité permanente de la femme au caractère temporaire de l'érection masculine. — **2.** Étymologiquement, « qui ne se préoccupe pas des convenances ». — **3.** Ne se développe pas, ne se déploie pas. Quelques lignes plus loin, l'évolution du sens apparaît clairement : « Les sens de la femme s'expliquent... », c'est-à-dire se déploient, se manifestent, parlent, « et elle craint de les écouter ». — **4.** Sur ces problèmes, voir son *Essai sur les femmes*. — **5.** La résultante de deux forces opposées, la passion qui pousse et la crainte qui retient. Voir dans l'*Encyclopédie* l'article « Composition du mouvement ». — **6.** Absence de courage, timidité, hésitation.

que où les ressources de la défense et les moyens de l'attaque ont marché sur la même ligne. On a consacré[1] la résistance de la femme, on a attaché l'ignominie à la violence de l'homme, violence qui ne serait qu'une injure légère dans Otaïti et qui devient un crime dans nos cités.

A — Mais comment est-il arrivé qu'un acte dont le but est si solennel et auquel la nature nous invite par l'attrait le plus puissant, que le plus grand, le plus doux, le plus innocent des plaisirs, soit devenu la source la plus féconde de notre dépravation et de nos maux ?

B — Orou l'a fait entendre dix fois à l'aumônier. Écoutez-le donc encore et tâchez de le retenir :

C'est par la tyrannie de l'homme qui a converti la possession de la femme en une propriété[2].

Par les mœurs et les usages qui ont surchargé de conditions l'union conjugale.

Par les lois civiles qui ont assujetti le mariage à une infinité de formalités.

Par la nature de notre société où la diversité des fortunes et des rangs a institué des convenances et des disconvenances.

Par une contradiction bizarre et commune à toutes les sociétés subsistantes où la naissance d'un enfant toujours regardée comme un accroissement de richesse pour la nation, est plus souvent et plus sûrement encore un accroissement d'indigence dans la famille[3].

Par les vues politiques des souverains qui ont tout rapporté à leur intérêt et à leur sécurité.

Par les institutions religieuses qui ont attaché les noms de vices et de vertus à des actions qui n'étaient susceptibles d'aucune moralité.

Combien nous sommes loin de la nature et du bonheur ! L'empire de la nature ne peut être détruit ; on aura beau le

---

1. Valorisé — **2.** La subordination des femmes, voire leur « esclavage », comme dit Laclos qui, dans son *Discours sur [...] l'éducation des femmes*, les invite à en sortir « par une grande révolution », a été dénoncée par de nombreux auteurs, et en particulier des femmes. Voir par exemple, E. Badinter : *Émilie, Émilie, l'ambition féminine au XVIIIᵉ siècle*, Flammarion, 1983. — **3.** D'où l'espèce d'allocation familiale inventée par Diderot à laquelle, d'après Orou, est consacrée « une sixième partie de tous les fruits du pays » (« Entretien... » III).

contrarier par des obstacles, il durera. Écrivez tant qu'il vous plaira sur des tables d'airain[1], pour me servir de l'expression du sage Marc-Aurèle, que le frottement voluptueux de deux intestins est un crime[2], le cœur de l'homme sera froissé entre la menace de votre inscription et la violence de ses penchants ; mais ce cœur indocile[3] ne cessera de réclamer, et cent fois dans le cours de la vie vos caractères[4] effrayants disparaîtront à nos yeux. Gravez sur le marbre : Tu ne mangeras ni de l'ixion ni du griffon[5] ; tu ne connaîtras[6] que ta femme, tu ne seras point le mari de ta sœur... mais vous n'oublierez pas d'accroître les châtiments à proportion de la bizarrerie de vos défenses ; vous deviendrez féroces, et vous ne réussirez point à me dénaturer.

A — Que le code des nations serait court, si on le conformait rigoureusement à celui de la nature ! combien de vices et d'erreurs épargnés à l'homme !

B — Voulez-vous savoir l'histoire abrégée de presque toute notre misère ? La voici. Il existait un homme naturel ; on a introduit au-dedans de cet homme un homme artificiel, et il s'est élevé dans la caverne une guerre continuelle qui dure toute la vie. Tantôt l'homme naturel est le plus fort, tantôt il est terrassé par l'homme moral et artificiel ; et dans l'un et l'autre cas le triste monstre est tiraillé, tenaillé, tourmenté, étendu sur la roue[7], sans cesse gémissant, sans cesse malheureux, soit qu'un faux enthousiasme de gloire le

---

1. Dans les temps anciens, on gravait sur des tables ou tablettes. L'airain, métal très dur, était la garantie d'une longue conservation. Ici donc, double allusion, à la loi (les Tables de la Loi de Moïse, les Dix commandements) et à la durée. — **2.** Dans le souci de ramener les choses à leur vérité nue et sans fard, l'empereur stoïcien Marc-Aurèle désacralisait le salerne, un excellent vin, en rappelant que c'est « un peu de jus d'un peu de raisin », ou définissait « le coït, une friction de l'intestin et une émission de morve accompagnée d'une convulsion » *(Pensées*, VI, 13). — **3.** Qui ne se laisse pas conduire (par la loi). — **4.** Le texte de la loi gravée sur les tables. — **5.** Diderot emprunte à la traduction de l'Ancien Testament par Le Maistre de Sacy : « Mangez de tous les oiseaux qui sont purs ; mais ne mangez point de ceux qui sont impurs, qui sont l'aigle, le griffon, l'aigle de mer, l'ixion, le vautour et le milan... » *(Deutéronome*, XIV, 11-13). L'*Encyclopédie* ne donne pourtant du griffon que la définition « Animal fabuleux » (mi-aigle, mi-lion). D'autres traducteurs proposent « orfraie » au lieu de « griffon » et « autour » au lieu de « ixion ». — **6.** Au sens biblique. — **7.** Plusieurs des termes employés par Diderot ont un sens plus fort qu'aujourd'hui. À côté du sens figuré, ils ont encore un sens propre et renvoient à des tourments ou supplices physiques encore en usage alors ; ainsi de la roue ou des tenailles ardentes. L'effroyable supplice de Damiens avait eu lieu en 1757.

transporte et l'enivre, ou qu'une fausse ignominie le courbe et l'abatte [1]. Cependant il est des circonstances extrêmes qui ramènent l'homme à sa première simplicité [2].

A — La misère et la maladie, deux grands exorcistes.

B — Vous les avez nommés. En effet que deviennent alors toutes ces vertus conventionnelles ? Dans la misère l'homme est sans remords ; dans la maladie la femme est sans pudeur.

A — Je l'ai remarqué.

B — Mais un autre phénomène qui ne vous aura pas échappé davantage, c'est que le retour de l'homme artificiel et moral suit pas à pas les progrès de l'état de maladie à l'état de convalescence et de l'état de convalescence à l'état de santé ; le moment où l'infirmité cesse est celui où la guerre intestine recommence, et presque toujours avec désavantage pour l'intrus.

A — Il est vrai. J'ai moi-même éprouvé que l'homme naturel avait dans la convalescence une vigueur funeste pour l'homme artificiel et moral [3]. Mais enfin dites-moi, faut-il civiliser l'homme ou l'abandonner à son instinct [4] ?

B — Faut-il vous répondre net ?

A — Sans doute.

B — Si vous vous proposez d'en être le tyran, civilisez-le. Empoisonnez-le de votre mieux d'une morale contraire à la nature ; faites-lui des entraves de toute espèce [5] ; embarrassez ses mouvements de mille obstacles ; attachez lui des fantômes qui l'effrayent ; éternisez la guerre dans la caverne, et que l'homme naturel y soit toujours enchaîné sous les pieds de l'homme moral. Le voulez-vous heureux et libre ? ne vous mêlez pas de ses affaires, assez d'inci-

---

1. L'antagonisme entre les trois codes s'est simplifié en une opposition entre l'homme naturel (ou physique et instinctif) et l'homme artificiel et moral. — **2.** Simplicité ne s'oppose pas seulement à artifice. Le terme est à prendre aussi dans le sens d'unicité. L'homme était uniquement naturel alors qu'il est devenu un « monstre » composite, double, à la fois naturel et artificiel, et donc en guerre perpétuelle avec lui-même. — **3.** Durant la convalescence, l'appétit de vivre l'emporte sur les conventions. — **4.** Nous retrouvons le problème posé par la religion et la civilisation apportées par les missionnaires, comme les jésuites au Paraguay, et plus généralement par la propagation des Lumières, considérées en elles-mêmes comme un bien par la plupart des philosophes. — **5.** Voir au début du Jugement du voyage, l'allusion au « lien dont on nous serre » (I, note 4, p. 30).

dents imprévus le conduiront à la lumière et à la dépravation, et demeurez à jamais convaincu que ce n'est pas pour
vous, mais pour eux que ces sages législateurs vous ont
pétri et maniéré[1] comme vous l'êtes. J'en appelle à toutes
les institutions politiques, civiles et religieuses ; examinez-
les profondément, et je me trompe fort, ou vous y verrez
l'espèce humaine pliée de siècle en siècle au joug qu'une
poignée de fripons se promettait de lui imposer[2]. Méfiez-
vous de celui qui veut mettre de l'ordre ; ordonner, c'est
toujours se rendre le maître des autres en les gênant, et
les Calabrais sont presque les seuls à qui la flatterie des
législateurs n'en ait point encore imposé[3].

A — Et cette anarchie de la Calabre vous plaît ?

B — J'en appelle à l'expérience, et je gage que leur
barbarie est moins vicieuse que notre urbanité[4]. Combien
de petites scélératesses compensent ici l'atrocité de quelques grands crimes dont on fait tant de bruit ! Je considère
les hommes non civilisés comme une multitude de ressorts
épars et isolés[5]. Sans doute s'il arrivait à quelques-uns de
ces ressorts de se choquer, l'un ou l'autre ou tous les deux
se briseraient. Pour obvier[6] à cet inconvénient, un individu
d'une sagesse profonde et d'un génie sublime rassembla ces
ressorts et en composa une machine, et dans cette machine
appelée société tous les ressorts furent rendus agissants,
réagissant les uns contre les autres, sans cesse fatigués ; et
il s'en rompit plus dans un jour sous l'état de législation
qu'il ne s'en rompait en un an sous l'anarchie de nature.

---

1. Civilisé, donné des manières, des usages. — **2.** On trouve à plusieurs reprises dans ce texte des accents qui, sans aller jusqu'au souhait « que tous les
grands de la terre, et que tous les nobles, fussent pendus et étranglés avec des
boyaux de prêtres », rappellent le *Testament* du curé Meslier. — **3.** La Calabre
était réputée pour ses brigands (voir la pièce de Loaisel Tréogate, jouée pendant
la Révolution : *La Forêt périlleuse ou les brigands de la Calabre*) — **4.** La
politesse, liée au phénomène urbain (*urbs* : la ville) par opposition à la rudesse
campagnarde, la rusticité (*rus* : la campagne). — **5.** Dans l'*Histoire des deux
Indes*, Diderot revient sur cette idée et la critique : « On a comparé les hommes
isolés à des ressorts épars [...]. C'est ainsi qu'on fait la satire des premiers fonda-
teurs des nations, par la supposition d'un état sauvage, idéal et chimérique.
Jamais les hommes ne furent isolés, comme on le montre ici. Ils portèrent en
eux un germe de sociabilité qui tendait sans cesse à se développer. Ils auraient
voulu se séparer qu'ils ne l'auraient pu ; ils l'auraient pu qu'ils ne l'auraient pas
dû, les vices de leur association se compensant par de plus grands avantages »
(Livre XIX, chap. 2). — **6.** Remédier.

Mais quel fracas, quel ravage, quelle énorme destruction de petits ressorts, lorsque deux, trois, quatre de ces énormes machines vinrent à se heurter avec violence[1] !

A — Ainsi vous préféreriez l'état de nature brute et sauvage[2] ?

B — Ma foi, je n'oserais prononcer ; mais je sais qu'on a vu plusieurs fois l'homme des villes se dépouiller et rentrer dans la forêt, et qu'on n'a jamais vu l'homme de la forêt se vêtir et s'établir dans la ville[3].

A — Il m'est venu souvent dans la pensée que la somme des biens et des maux était variable pour chaque individu, mais que le bonheur ou le malheur d'une espèce animale quelconque avait sa limite qu'elle ne pouvait franchir, et que peut-être nos efforts nous rendaient en dernier résultat autant d'inconvénient que d'avantage, en sorte que nous nous étions bien tourmentés pour accroître les deux membres d'une équation entre lesquels il subsistait une éternelle et nécessaire égalité. Cependant je ne doute pas que la vie moyenne de l'homme civilisé ne soit plus longue que la vie moyenne de l'homme sauvage[4].

B — Et si la durée d'une machine n'est pas une juste mesure de son plus ou moins de fatigue, qu'en concluez-vous ?

A — Je vois qu'à tout prendre, vous inclineriez à

---

1. Allusion aux guerres — 2. Diderot consacre un chapitre de l'*Histoire des deux Indes* (Livre XVII, chap.4) à la « Comparaison des peuples policés et des peuples sauvages ». (Voir en annexe.) — 3. Dans la *Réfutation d'Helvétius* (vol. II, section V, chap. 8), Diderot répond différemment : « Oui, monsieur Rousseau, j'aime mieux le vice raffiné sous un habit de soie que la stupidité féroce sous une peau de bête. J'aime mieux la volupté entre les lambris dorés et sur la mollesse des coussins d'un palais, que la misère pâle, sale et hideuse, étendue sur la terre humide et malsaine, et recelée avec la frayeur dans le fond d'un antre sauvage. » — 4. « La vie la plus fatiguée est la plus misérable et la plus courte, quelles que soient les causes qui l'abrègent. Or je crois que la vie moyenne de l'homme policé est plus longue que celle de l'homme sauvage » (Fragment du 15 sept. 1772, publié dans la *Correspondance littéraire*). Ce point de vue est repris dans la *Réfutation d'Helvétius*. Mais on le tempérera par la distinction entre riches et pauvres : « Non ; il n'est pas vrai que que les hommes occupés des pénibles arts de la société vivent aussi longtemps que l'homme qui jouit du fruit de leurs sueurs. Le travail modéré fortifie, le travail excessif accable. Un paysan est un vieillard à soixante ans tandis que les citoyens de nos villes qui vivent dans l'opulence avec quelque sagesse atteignent et passent souvent quatre-vingts ans » (*HDI*, p. 263).

croire les hommes d'autant plus méchants et plus malheureux qu'ils sont plus civilisés.

B — Je ne parcourrai pas toutes les contrées de l'univers, mais je vous avertis seulement que vous ne trouverez la condition de l'homme heureuse que dans Otaïti et supportable que dans un recoin de l'Europe. Là, des maîtres ombrageux et jaloux de leur sécurité se sont occupés à le tenir dans ce que vous appelez l'abrutissement.

A — A Venise peut-être ?

B — Pourquoi non ? Vous ne nierez pas du moins qu'il n'y ait nulle part moins de lumières acquises, moins de moralité artificielle, et moins de vices et de vertus chimériques [1].

A — Je ne m'attendais pas à l'éloge de ce gouvernement.

B — Aussi ne le fais-je pas. Je vous indique une espèce de dédommagement de la servitude que tous les voyageurs ont senti et préconisé [2].

A — Pauvre dédommagement !

B — Peut-être. Les Grecs proscrivirent celui qui avait ajouté une corde à la lyre de Mercure [3].

A — Et cette défense est une satire sanglante de leurs premiers législateurs. C'est la première qu'il fallait couper.

B — Vous m'avez compris. Partout où il y a une lyre il y a des cordes. Tant que les appétits naturels seront sophistiqués, comptez sur des femmes méchantes.

A — Comme la Reymer.

B — Sur des hommes atroces.

A — Comme Gardeil.

---

1. *DVP* signale un morceau intitulé « Sur le gouvernement de Venise » où l'on peut lire ceci : « Lorsque la découverte du Nouveau-Monde et du passage des Indes par le cap de Bonne-Espérance eut ruiné le commerce de la république, [Venise] se vit privée de tout ce qui lui avait donné de la grandeur, de la force, du courage. A ces illusions qui consolaient en quelque sorte ses sujets de la perte de la liberté, fut substituée la séduction des voluptés, des plaisirs et de la mollesse. Les grands se corrompirent comme le peuple, les femmes comme les hommes, les prêtres comme les laïcs ; et la licence ne connut plus de bornes. Venise devint le pays de la terre où il y avait le moins de vices et de vertus factices. » — **2.** Loué. — **3.** La lyre a eu un nombre de cordes variable, de trois à quinze. La plus usitée et célèbre comportait sept cordes ; c'est celle dont la mythologie attribue l'invention à Mercure. L'anecdote semble librement inspirée de Plutarque *(Vie d'Agis)*.

B — Et sur des infortunés à propos de rien.

A — Comme Tanié, Mademoiselle de la Chaux, le chevalier Desroches et Madame de la Carlière[1]. Il est certain qu'on chercherait inutilement dans Otaïti des exemples de la dépravation des deux premiers et du malheur des trois derniers. Que ferons-nous donc ? Reviendrons-nous à la nature ? Nous soumettrons-nous aux lois ?

B — Nous parlerons contre les lois insensées jusqu'à ce qu'on les réforme et en attendant nous nous y soumettrons. Celui qui de son autorité privée enfreint une loi mauvaise, autorise tout autre à enfreindre les bonnes. Il y a moins d'inconvénient à être fou avec des fous qu'à être sage tout seul. Disons-nous à nous-mêmes, crions incessamment[2] qu'on a attaché la honte, le châtiment et l'ignominie à des actions innocentes en elles-mêmes, mais ne les commettons pas, parce que la honte, le châtiment et l'ignominie sont les plus grands de tous les maux. Imitons le bon aumônier, moine en France, sauvage dans Otaïti.

A — Prendre le froc du pays où l'on va, et garder celui du pays où l'on est.

B — Et surtout être honnête et sincère jusqu'au scrupule avec des êtres fragiles qui ne peuvent faire notre bonheur sans renoncer aux avantages les plus précieux de nos sociétés[3]. Et ce brouillard épais, qu'est-il devenu ?

A — Il est retombé.

B — Et nous serons encore libres cet après-dîner de sortir ou de rester ?

A — Cela dépendra, je crois, un peu plus des femmes que de nous.

B — Toujours les femmes ; on ne saurait faire un pas sans les rencontrer à travers son chemin.

---

1. Ces personnages sont les protagonistes des deux contes qui précèdent le *Supplément* et constituent avec lui un ensemble, ce que ce rappel vient confirmer. L'histoire de Mme Reymer et Tanié constitue la première partie de *Ceci n'est pas un conte* sur le thème « des hommes bien bons et des femmes bien méchantes », celle de Gardeil et Mlle de la Chaux la seconde partie sur le thème inverse ; Mme de la Carlière donne son nom au deuxième conte, qui raconte comment son exigence excessive de fidélité, associée à une légère faiblesse de Desroches, a fait leur malheur à tous deux. — 2. Sans cesse. — 3. La virginité féminine et l'honneur qui lui est lié dans nos sociétés.

A — Si nous leur lisions l'entretien de l'aumônier et d'Orou ?

B — A votre avis, qu'en diraient-elles ?

A — Je n'en sais rien.

B — Et qu'en penseraient-elles ?

A — Peut-être le contraire de ce qu'elles en diraient[1].

---

1. Dernière allusion à la duplicité, celle des femmes n'étant qu'une forme de la duplicité introduite par la civilisation (à l'origine de laquelle elles sont néanmoins mythologiquement liées, par Ève) ; mais aussi dernier clin d'œil du conteur.

ANNEXES

VOYAGE AUTOUR DU MONDE

Par la frégate du roi *La Boudeuse,*
la flûte *L'Étoile*
en 1766, 1767, 1768, 1769,
sous le commandement de
M. de Bougainville

L'ouvrage est dédié au roi ; il est précédé d'un discours préliminaire où l'auteur rend compte de tous les voyages entrepris autour du globe. M. de Bougainville est le premier Français qui ait tenté cette difficile et périlleuse course [1]. Les jeunes années de M. de Bougainville ont été occupées de l'étude des mathématiques, ce qui suppose une vie sédentaire. On ne conçoit pas trop comment on passe de la tranquillité et du loisir d'une condition méditative et renfermée à l'envie de voyager ; à moins qu'on ne regarde le vaisseau comme une maison flottante où l'homme traverse des espaces immenses, resserré et immobile dans une enceinte très étroite, parcourant les mers sur une planche comme les plages de l'univers sur la terre. Une autre contradiction apparente entre le caractère de M. de Bougainville et son entreprise, c'est son goût pour les amusements de société. Il aime les femmes, les spectacles, les repas délicats ; il vit dans le tourbillon du grand monde auquel il

---

1. Inexact. Sur ce texte de Diderot, voir note 1, p. 24.

se prête d'aussi bonne grâce qu'aux inconstances de l'élément sur lequel il a été ballotté si longtemps. Il est aimable et gai ; c'est un véritable Français lesté d'un bord par un Traité de calcul intégral et différentiel, de l'autre par un Voyage autour du monde. Il était bien pourvu des connaissances nécessaires pour profiter de sa longue tournée ; il a de la philosophie, de la fermeté, du courage, des vues, de la franchise ; le coup d'œil qui saisit le vrai, et abrège le temps des observations, de la circonspection, de la patience, le désir de voir, de s'instruire et d'être utile, des mathématiques, des mécaniques, des connaissances en histoire naturelle, de la géométrie et de l'astronomie.

On peut rapporter les avantages de ses voyages à trois points principaux, une meilleure connaissance de notre vieux domicile et de ses habitants, plus de sûreté sur les mers qu'il a parcourues la sonde à la main, et plus de correction dans nos cartes. Les marins et les géographes ne peuvent donc se dispenser de la lecture de son ouvrage. Il est écrit sans emphase, avec le seul intérêt de la chose, de la vérité et de la simplicité. On voit par différentes citations d'anciens auteurs que Virgile était dans la tête ou dans la malle du voyageur [1].

M. de Bougainville part de Nantes, traverse les mers jusqu'au détroit de Magellan, entre dans la mer Pacifique, serpente entre les îles qui forment cet archipel immense compris entre les Philippines et la nouvelle Hollande, rase Madagascar, le cap de Bonne Espérance, achève son tour par l'Atlantique, tourne l'Afrique, et rentre dans son pays à Saint Malo.

Je n'aurais jamais cru que les animaux s'approchassent de l'homme sans crainte et que les oiseaux vinssent se poser sur lui, lorsqu'ils ignoraient les périls de cette familiarité ; M. de Bougainville ne me laisse pas douter du fait.

L'homme a pu passer du continent dans une île ; mais le chien, le cerf, la biche, le loup, les renards, comment ont-ils été transportés sur les îles ?

J'invite toutes les puissances maritimes de n'envoyer dans leurs possessions d'outre-mer, pour commandants,

---

1. Voir la préface de Jacques Proust au *Voyage* (pp. 24-25).

résidents, supérieurs que des âmes honnêtes, des hommes bienfaisants, des sujets pleins d'humanité et capables de compatir aux infortunes d'un voyageur qui après avoir erré des mois entiers entre le ciel et la terre, entre la mort et la vie, avoir été battu des tempêtes, menacé cent fois de périr par naufrage, par maladie, par disette de pain et d'eau, vient, son bâtiment fracassé, se jeter expirant de fatigue et de misère aux pieds d'un monstre d'airain qui lui refuse ou qui lui fait attendre impitoyablement les secours les plus pressants ; cette dureté est un crime digne d'un châtiment sévère.

M. de Bougainville se tire avec une impartialité très adroite de l'expulsion des jésuites du Paraguai, événement dont il a été témoin. Il ne dit pas sur ce fait tout ce qu'il sait ; mais il n'en est pas moins évident que ces cruels Spartiates en jaquette noire en usaient avec leurs esclaves indiens comme les ilotes étaient traités à Lacédémone ; les avaient condamnés à un travail opiniâtre et assidu ; jouissaient de leur sueur ; ne leur avaient laissé aucun des droits de propriété ; les tenaient dans l'abrutissement de la superstition ; se faisaient porter la vénération la plus profonde et marchaient au milieu de ces pauvres malheureux un fouet à la main dont ils frappaient indistinctement tout âge et tout sexe ; qu'ils s'étaient soustraits à l'autorité des souverains par adresse, et qu'un siècle de plus leur expulsion aurait été impossible ou la cause d'une longue guerre. ·

Ces Patagons dont le capitaine Biron et le docteur Maty ont tant fait de bruit, M. de Bougainville les a vus à la Terre de Feu ; eh bien ce sont de bonnes gens qui vous embrassent en criant chaoua, qui sont forts et vigoureux, mais qui n'excèdent pas la hauteur de cinq pieds cinq à six pouces et qui n'ont d'énorme que leur carrure, la grosseur de leur tête et l'épaisseur de leurs membres. Comment l'homme né avec le goût pour le merveilleux verrait-il les choses comme elles sont, lorsqu'il a de plus à justifier par le prodige la peine qu'il s'est donnée pour voir. Les voyageurs entre les historiens, et les érudits entre les littérateurs, doivent être les plus crédules et les plus ébahis des hommes ; ils mentent, ils exagèrent, ils trompent et cela sans mauvaise foi.

L'ouvrage de M. de Bougainville montre en plusieurs endroits l'homme sauvage communément si stupide que les chefs-d'œuvre de l'industrie humaine ne l'affectent non plus que les grands phénomènes de la nature ; il a toujours vu ces phénomènes ; il n'y pense pas ; il ne s'en émerveille point ; et il lui manque une certaine quantité d'idées élémentaires qui le conduiraient à une véritable estimation des chefs-d'œuvre de l'art. C'est de la défense journalière contre les bêtes féroces que le caractère cruel qu'on lui remarque quelquefois a pu tirer sa première origine. On lui trouve de la douceur et de l'innocence dans les contrées isolées où rien ne trouble son repos et sa sécurité. Toute guerre naît d'une prétention commune à la même propriété ; le tigre a une prétention commune avec l'homme à la possession des forêts, et c'est la plus vieille, la première des prétentions ; l'homme a une prétention commune avec l'homme à la possession d'un champ dont ils occupent chacun une des extrémités.

Si vous jetez les yeux sur l'île des Lanciers, vous ne pourrez vous empêcher de vous demander qui est-ce qui a placé là ces hommes ? Quelle communication les lie à la chaîne des autres êtres ? et que deviennent-ils en se multipliant sur une île qui n'a pas plus d'une lieue de diamètre ? M. de Bougainville n'en sait rien. Je répondrais à la dernière des questions, ou qu'ils s'exterminent ou qu'ils se mangent, ou que la multiplication en est retardée par quelque loi superstitieuse, ou qu'ils périssent sous le couteau sacerdotal. Je répondrais encore qu'avec le temps on a dû mettre de l'honneur à se faire égorger ; toutes les institutions civiles et nationales se consacrent et dégénèrent à la longue en lois surnaturelles et divines, et réciproquement toutes les lois surnaturelles et divines se fortifient et s'éternisent en dégénérant en lois civiles et nationales. C'est une des palingénésies les plus funestes au bonheur et à l'instruction de l'espèce humaine.

Le secret de dessaler l'eau de la mer selon l'appareil de Poissonnier est donc une découverte d'une utilité réelle [1].

---

1. Diderot suit le *Voyage* et fait l'éloge de cette espèce d'alambic parce que Bougainville le décrit peu après avoir parlé de l'île qu'il a baptisée « des Lanciers ». Voir *Journal*, I, pp. 491-497.

Je m'en réjouis ; en vingt-quatre heures on en obtient une barrique d'eau douce.

Ah ! Monsieur de Bougainville, éloignez votre vaisseau des rives de ces innocents et fortunés Taïtiens ; ils sont heureux et vous ne pouvez que nuire à leur bonheur. Ils suivent l'instinct de la nature, et vous allez effacer ce caractère auguste et sacré. Tout est à tous, et vous allez leur porter la funeste distinction du tien et du mien. Leurs femmes et leurs filles sont communes, et vous allez allumer entre eux les fureurs de l'amour et de la jalousie. Ils sont libres et voilà que vous enfouissez dans une bouteille de verre le titre extravagant de leur futur esclavage. Vous prenez possession de leur contrée, comme si elle ne leur appartenait pas ; songez que vous êtes aussi injuste, aussi insensé d'écrire sur votre lame de cuivre, ce pays est à nous, parce que vous y avez mis le pied, que si un Taïtien débarquait sur nos côtes, et qu'après y avoir mis le pied, il gravait ou sur une de nos montagnes ou sur un de nos chênes, ce pays appartient aux habitants du Taïti. Vous êtes le plus fort, et qu'est-ce que cela fait ? Vous criez contre l'hobbisme social et vous l'exercez de nation à nation [1]. Commercez avec eux, prenez leurs denrées, portez-leur les vôtres, mais ne les enchaînez pas. Cet homme dont vous vous emparez comme de la brute ou de la plante est un enfant de nature comme vous. Quel droit avez-vous sur lui ? Laissez-lui ses mœurs, elles sont plus honnêtes et plus sages que les vôtres. Son ignorance vaut mieux que toutes vos lumières ; il n'en a que faire. Il ne connaissait point une vilaine maladie, vous la lui avez portée, et bientôt ses jouissances seront affreuses. Il ne connaissait point le crime ni la débauche, les jeunes filles se livraient aux caresses des jeunes gens, en présence de leurs parents au milieu d'un cercle d'innocents habitants, au son des flûtes, entre les danses, et vous allez empoisonner leurs âmes de vos extravagantes et fausses idées, et réveiller en eux des notions de vice, avec vos chi-

---

1. Théorie de Hobbes dont on connaît le célèbre « *Homo homini lupus* » (« L'homme est un loup pour l'homme »). Dans les *Pensées détachées*, (chap. « Des colonies en général »), Diderot formule la même idée : « Vous avez le hobbisme en horreur dans votre voisinage ; et ce funeste système, qui fait de la force la suprême loi, vous le pratiquez au loin. »

mériques notions de pudeur. Enfoncez-vous dans les ténèbres avec la compagne corrompue de vos plaisirs mais permettez aux bons et simples Taïtiens de se reproduire sans honte à la face du ciel et au grand jour. A peine vous êtes-vous montré parmi eux qu'ils sont devenus voleurs ; à peine êtes-vous descendu dans leur terre qu'elle a été teinte de sang ; ce Taïtien qui vous reçut en criant *Tayo, ami, ami,* vous l'avez tué, et pourquoi l'avez-vous tué ? Parce qu'il avait été séduit par l'éclat de vos guenilles européennes ; il vous donnait ses fruits, sa maison, sa femme, sa fille, et vous l'avez tué pour un morceau de verre qu'il vous dérobait. Ces Taïtiens, je les vois se sauver sur les montagnes, remplis d'horreur et de crainte ; sans ce vieillard respectable qui vous protège, en un instant vous seriez tous égorgés. Ô père respectable de cette famille nombreuse, que je t'admire, que je te loue ! Lorsque tu jettes des regards de dédain sur ces étrangers sans marquer ni étonnement, ni frayeur, ni crainte, ni curiosité ; ton silence, ton air rêveur et soucieux ne décèlent que trop ta pensée : tu gémis au-dedans de toi-même sur les beaux jours de ta contrée éclipsés. Console-toi ; tu touches à tes derniers instants et la calamité que tu pressens, tu ne la verras pas. Vous vous promenez, vous et les vôtres, Monsieur de Bougainville, dans toute l'île ; partout vous êtes accueilli ; vous jouissez de tout, et personne ne vous en empêche ; vous ne trouvez aucune porte fermée, parce que l'usage des portes est ignoré ; on vous invite, vous vous asseyez ; on vous étale toute l'abondance du pays. Voulez-vous de jeunes filles ? ne les ravissez pas ; voilà leurs mères qui vous les présentent toutes nues ; voilà les cases pleines d'hommes et de femmes ; vous voilà possesseur de la jeune victime du devoir hospitalier ; la terre se jonche de feuillages et de fleurs ; les musiciens ont accordé leurs instruments ; rien ne troublera la douceur de vos embrassements ; on y répondra sans contrainte ; l'hymne se chante ; l'hymne vous invite à être homme ; l'hymne invite votre amante à être femme et femme complaisante, voluptueuse et tendre ; et c'est au sortir des bras de cette femme que vous avez tué son ami, son frère, son père peut-être ! Enfin vous vous éloignez de Taïti ; vous allez recevoir les adieux de ces bons et simples insulaires ; puissiez-vous et vous et vos concitoyens et les autres habitants de notre Europe être engloutis au fond des mers plutôt que de les revoir. Dès l'aube du jour ils s'aperçoivent que vous mettez à la voile ; ils se précipitent sur vous ; ils vous embrassent, ils pleurent. Pleurez, malheureux Taïtiens, pleurez ; mais que ce soit de l'arrivée et non du départ de ces hommes ambitieux, corrompus et méchants. Un jour vous les connaîtrez mieux ; un jour ils viendront un crucifix dans une main et le poignard dans l'autre, vous égorger ou vous forcer à prendre leurs mœurs et leurs opinions ; un jour vous serez sous eux presque aussi malheureux qu'eux.

M. de Bougainville embarqua avec lui un jeune habitant du pays ; à la première terre que le Taïtien aperçut, il crut que c'était la patrie du voyageur. Aotourou, c'est le nom du Taïtien, n'a cessé de soupirer après son pays, et M. de Bougainville l'a renvoyé, après avoir fait toute la dépense et pris toutes les précautions possibles pour la sûreté de son voyage. Ô Aotourou, que tu seras content de revoir ton père, ta mère, tes frères, tes sœurs, ta maîtresse et tes compatriotes ! que leur diras-tu de nous ?

Les Taïtiens laissent croître leurs ongles à tous les doigts, excepté à celui du milieu de la main droite[1].

Le chevalier de Bournaüd, compagnon de voyage de M. de Bougainville, avait un domestique appelé Barré[2]. A la descente dans l'île de Taïti, les Taïtiens entourèrent Barré, crient que c'est une femme, et se disposent à lui faire les honneurs de l'île. Barré était en effet une fille qui née en Bourgogne et orpheline s'était déguisée en homme et avait été séduite par le désir de faire le tour du monde. Elle n'était ni laide ni jolie ; elle avait vingt-six à vingt-sept ans, et elle avait montré pendant tout le voyage le plus grand courage et la plus scrupuleuse sagesse.

M. de Bougainville loue beaucoup les moyens dont les Hollandais se sont assuré le commerce général des épices,

---

1. Il est étrange que Diderot ne retienne que ce détail, lui-même singulier, parmi tant d'autres informations fournies par Bougainville. — 2. Diderot fait une confusion qu'il corrige dans le *Supplément*. Barré est au service du naturaliste Commerson.

la cannelle, le gérofle [1] et la muscade ; d'abord en achetant les feuilles des arbres qui dépouillés pendant trois ans ne manquaient pas de périr, ensuite en détruisant les plants au loin, et les renfermant dans une enceinte assez étroite pour être gardée. La première tentative pour leur enlever cette richesse réussira ; et ce qui doit étonner, c'est que la chose n'ait pas été faite en moins de deux ans.

Le voyage de M. de Bougainville est suivi d'un petit vocabulaire taïtien où l'on voit que l'alphabet de ce peuple n'a ni *b*, ni *c*, ni *d*, ni *f*, ni *g*, ni *q*, ni *x*, ni *y*, ni *z* ; ce qui explique pourquoi Aotourou qui était dans un certain âge, ne put jamais apprendre à parler notre langue où il y avait trop d'articulations étrangères et trop de sons nouveaux pour ses organes inflexibles.

Après le vocabulaire on trouve quelques observations de M. Peirere, interprète du roi qui achève de justifier le jeune Taïtien [2].

Voici le seul voyage dont la lecture m'ait inspiré du goût pour une autre contrée que la mienne. Jusques à présent le dernier résultat de mes réflexions avait toujours été qu'on n'était nulle part mieux que chez soi ; résultat que je croyais le même pour chaque habitant de la terre en particulier, effet naturel de l'attrait du sol, attrait qui tient aux commodités dont on jouit, et qu'on n'a pas la même certitude de retrouver ailleurs. Un habitant de Paris n'est pas aussi convaincu qu'il y ait des épis de blé dans la campagne de Rome que dans les champs de la Beauce.

Je parlerai à l'occasion du voyage de M. Anquetil aux Indes, de l'esprit de voyage dont je ne suis pas grand admirateur, et j'en dirai mes raisons. Je ne me suis point étendu sur les détails les plus importants de ce tour du monde, parce qu'ils consistent presque entièrement en observations nautiques, astronomiques et géographiques, aussi essentielles à la connaissance du globe et à la sûreté de la navigation que les récits qui remplissent la plupart des autres voyageurs, le sont à la connaissance de l'homme, mais

---

1. Même genre et même graphie chez Bougainville pour la girofle. — 2. Ces observations de Péreire sont reproduites par Taillemite en annexe du *Journal* (I, pp. 488-489).

moins amusants que ceux-ci. Pour en profiter, il faut recourir à l'ouvrage même de M. de Bougainville auquel je renvoie, et dont j'avertis qu'on ne profitera guère sans être familier avec la langue des marins auxquels il me paraît que l'auteur l'a spécialement destiné, à en juger par le peu de soins qu'il a pris d'en rendre la lecture facile aux autres.

HISTOIRE PHILOSOPHIQUE ET POLITIQUE
DES DEUX INDES

de l'abbé RAYNAL

Comparaison des peuples policés et des peuples sauvages

Quoi qu'il en soit, et de leur origine et de leur ancienneté, très incertaines, un objet de curiosité plus intéressant peut-être est de savoir ou d'examiner si ces nations, encore à demi sauvages, sont plus ou moins heureuses que nos peuples civilisés. Si la condition de l'homme brut, abandonné au pur instinct animal, dont une journée employée à chasser, se nourrir, produire son semblable et se reposer devient le modèle de toutes ses journées, est meilleure ou pire que celle de cet être merveilleux, qui trie le duvet pour se coucher, file le coton du ver à soie pour se vêtir, a changé la caverne, sa première demeure, en un palais, a su varier ses commodités et ses besoins de mille-manières différentes.

C'est dans la nature de l'homme qu'il faut chercher ses moyens de bonheur. Que lui faut-il pour être aussi heureux qu'il peut l'être ? La subsistance pour le présent, et, s'il pense à l'avenir, l'espoir et la certitude de ce premier bien. Or l'homme sauvage, que les sociétés policées n'ont pas repoussé ou contenu dans les zones glaciales, manque-t-il de ce nécessaire absolu ? S'il ne fait pas des provisions, c'est que la terre et la mer sont des magasins et des réservoirs toujours ouverts à ses besoins. La pêche ou la chasse sont de toute l'année, ou suppléent à la stérilité des saisons mortes. Le sauvage n'a pas des maisons bien fermées ni des foyers commodes, mais ses fourrures lui servent de toit, de vêtement et de poêle. Il ne travaille que pour sa propre utilité, dort quand il est fatigué, ne connaît ni les veilles ni les insomnies. La guerre est pour lui volontaire. Le péril, comme le travail, est une condition de sa nature et non une profession de sa naissance, un devoir de la nation, non une servitude de famille. Le sauvage est sérieux, et point triste : on voit rarement sur son front l'empreinte des passions et des maladies qui laissent des traces si hideuses ou si funestes. Il ne peut manquer de ce qu'il ne désire point, ni désirer ce qu'il ignore. Les commodités de la vie sont la plupart des remèdes à des maux qu'il ne sent pas. Les plaisirs sont un soulagement des appétits que rien n'excite dans ses sens. L'ennui n'entre guère dans son âme, qui n'éprouve ni privations, ni besoin de sentir ou d'agir, ni ce vide créé par les préjugés de la vanité. En un mot, le sauvage ne souffre que les maux de la nature.

Mais l'homme civilisé, qu'a-t-il de plus heureux ? Sa nourriture est plus saine et plus délicate que celle de l'homme sauvage. Il a des vêtements plus doux, un asile mieux défendu contre l'injure des saisons. Mais le peuple, qui doit faire la base et l'objet de la police sociale, cette multitude d'hommes qui, dans tous les États, supporte les travaux pénibles et les charges de la société, le peuple vit-il heureux, soit dans ces empires où les suites de la guerre et l'imperfection de la police l'ont mis dans l'esclavage, soit dans ces gouvernements où les progrès du luxe et de la politique l'ont conduit à la servitude ? Les gouvernements mitoyens laissent entrevoir quelques rayons de félicité dans une ombre de liberté, mais à quel prix est-elle achetée cette sécurité ? Par des flots de sang qui repoussent quelques instants la tyrannie, pour la laisser retomber avec plus de fureur et de férocité sur une nation tôt ou tard opprimée. Voyez comment les Caligula, les Néron ont vengé l'expulsion des Tarquins et la mort de César.

La tyrannie, dit-on, est l'ouvrage des peuples et non des rois. Pourquoi la souffre-t-on ? Pourquoi ne réclame-t-on

pas avec autant de chaleur contre les entreprises du despo-
tisme qu'il emploie de violence et d'artifice lui-même pour
s'emparer de toutes les facultés des hommes ? Mais est-il
permis de se plaindre et de murmurer sous les verges de
l'oppresseur ? N'est-ce pas l'irriter, l'exciter à frapper jusqu'au dernier soupir de la victime ? A ses yeux, les cris de
la servitude sont une rébellion. On les étouffe dans une
prison, souvent même sur un échafaud. L'homme qui
revendiquerait les droits de l'homme périrait dans l'aban-
don ou dans l'infamie. On est donc réduit à souffrir la
tyrannie sous le nom de l'autorité.

Dès lors, à quels outrages l'homme civil n'est-il pas
exposé ? S'il a quelque propriété, jusqu'à quel point en est-
il assuré, quand il est obligé d'en partager le produit entre
l'homme de cour qui peut attaquer son fonds, l'homme de
loi qui lui vend les moyens de le conserver, l'homme de
guerre qui peut le ravager et l'homme de finance qui vient
y lever des droits toujours illimités dans le pouvoir qui les
exige ? Sans propriété, comment se promettre une subsistance durable ? Quel est le genre d'industrie à l'abri des
événements de la fortune et des atteintes du gouvernement ?

Dans les bois de l'Amérique, si la disette règne au nord,
on dirige ses courses au midi. Le vent ou le soleil mènent
une peuplade errante aux climats les moins rigoureux. Entre
les portes et les barrières qui ferment nos États policés, si
la famine, ou la guerre, ou la peste, répandent la mortalité
dans l'enceinte d'un empire, c'est une prison où l'on ne
peut que périr dans les langueurs de la misère, ou dans les
horreurs du carnage. L'homme qui s'y trouve né pour son
malheur s'y voit condamné à souffrir toutes les vexations,
toutes les rigueurs que l'inclémence des saisons et l'injustice des gouvernements y peuvent exercer.

Dans nos campagnes, le colon serf de la glèbe, ou merce-
naire libre, remue toute l'année des terres dont le sol et le
fruit ne lui appartiennent point, trop heureux quand ses travaux assidus lui valent une portion des récoltes qu'il a
semées. Observé, tourmenté par un propriétaire inquiet et
dur, qui lui dispute jusqu'à la paille où la fatigue va chercher un sommeil court et troublé, ce malheureux s'expose

chaque jour à des maladies qui, jointes à la disette où sa condition le réduit, lui font désirer la mort plutôt qu'une guérison dispendieuse et suivie d'infirmités et de travaux. Tenancier ou sujet, esclave à double titre, s'il a quelques arpents, un seigneur y va recueillir ce qu'il n'a point semé ; n'eût-il qu'un attelage de bœufs ou de chevaux, on les lui fait tramer à la corvée ; s'il n'a que sa personne, le prince l'enlève pour la guerre. Partout des maîtres, et toujours des vexations.

Dans nos villes, l'ouvrier et l'artisan sans atelier subissent la loi des chefs avides et oisifs, qui, par le privilège du monopole, ont acheté du gouvernement le pouvoir de faire travailler l'industrie pour rien et de vendre ses ouvrages à très haut prix. Le peuple n'a que le spectacle du luxe dont il est doublement la victime et par les veilles et les fatigues qu'il lui coûte et par l'insolence d'un faste qui l'humilie et l'écrase.

Quand même on supposerait que les travaux et les périls de nos métiers destructeurs, des carrières, des mines, des forges et de tous les arts à feu, de la navigation et du commerce dans toutes les mers seraient moins pénibles, moins nuisibles que la vie errante des sauvages chasseurs ou pêcheurs, quand on croirait que des hommes qui se lamentent pour des peines, des affronts, des maux qui ne tiennent qu'à l'opinion sont moins malheureux que des sauvages qui, dans les tortures et les supplices même, ne versent pas une larme, il resterait encore une distance infinie entre le sort de l'homme civil et celui de l'homme sauvage, différence tout entière au désavantage de l'état social. C'est l'injustice qui règne dans l'inégalité factice des fortunes et des conditions : inégalité qui naît de l'oppression et la reproduit.

En vain l'habitude, les préjugés, l'ignorance et le travail abrutissent le peuple jusqu'à l'empêcher de sentir sa dégradation : ni la religion ni la morale ne peuvent lui fermer les yeux sur l'injustice de la répartition des maux et des biens de la condition humaine, dans l'ordre politique. Combien de fois a-t-on entendu l'homme du peuple demander au ciel quel était son crime pour naître sur la terre dans un état d'indigence et de dépendance extrêmes ? Y eût-il de grandes peines inséparables des conditions élevées, ce qui peut-être anéantit tous les avantages et la supériorité de l'état civil sur l'état de nature, l'homme obscur et rampant, qui ne connaît pas ces peines, ne voit dans un haut rang qu'une abondance qui fait sa pauvreté. Il envie à l'opulence des plaisirs dont l'habitude même ôte le sentiment au riche qui peut en jouir. Quel est le domestique qui peut aimer son maître ? Et qu'est-ce que l'attachement des valets ? Quel est le prince vraiment chéri de ses courtisans, même lorsqu'il est haï de ses sujets ? Que, si nous préférons notre état à celui des peuples sauvages, c'est par l'impuissance où la vie civile nous a réduits de supporter certains maux de la nature où le sauvage est plus exposé que nous ; c'est par l'attachement à certaines douceurs dont l'habitude nous a fait un besoin. Encore, dans la force de l'âge, un homme civilisé s'accoutumera-t-il, avec des sauvages, à rentrer même dans l'état de nature ; témoin cet Ecossais qui, jeté et abandonné seul dans l'île Fernandez, ne fut malheureux que jusqu'au temps où les besoins physiques l'occupèrent assez pour lui faire oublier sa patrie, sa langue, son nom, et jusqu'à l'articulation des mots. Après quatre ans, cet Européen se sentit soulagé du grand fardeau de la vie sociale, quand il eut le bonheur d'avoir perdu l'usage de la réflexion et de la pensée, qui le ramenaient vers le passé, ou le tourmentaient de l'avenir [1].

Enfin, le sentiment de l'indépendance étant un des premiers instincts de l'homme, celui qui joint à la jouissance de ce droit primitif la sûreté morale d'une subsistance suffisante est incomparablement plus heureux que l'homme riche environné de lois, de maîtres, de préjugés et de modes qui lui font sentir à chaque instant la perte de sa liberté. Comparer l'état des sauvages à celui des enfants, n'est-ce pas décider la question si fortement débattue entre les philosophes sur les avantages de l'état de nature et de l'état social ? Les enfants, malgré les gênes de l'éducation, ne sont-ils pas dans l'âge le plus heureux de la vie humaine ?

---

1. Il s'agit d'Alexandre Selkirk, qui a servi de modèle pour *Robinson Crusoé*. Abandonné en 1704 sur l'île de Juan Fernandez, il a été retrouvé et rapatrié en 1709.

Leur gaieté habituelle, tant qu'ils ne sont pas sous la verge du pédantisme [1], n'est-elle pas le plus sûr indice du bonheur qui leur est propre ? Après tout, un mot peut terminer ce grand procès. Demandez à l'homme civil s'il est heureux. Demandez à l'homme sauvage s'il est malheureux. Si tous deux vous répondent NON, la dispute est finie.

Peuples civilisés, ce parallèle est sans doute affligeant pour vous, mais vous ne sauriez ressentir trop vivement les calamités sous le poids desquelles vous gémissez. Plus cette sensation vous sera douloureuse et plus elle sera propre à vous rendre attentifs aux véritables causes de vos maux. Peut-être enfin parviendrez-vous à vous convaincre qu'ils ont leur source dans le dérèglement de vos opinions, dans les vices de vos constitutions politiques, dans les lois bizarres par lesquelles celles de la nature sont sans cesse outragées [2].

---

1. Voir le jugement de Diderot sur les jésuites qui auraient selon lui enlevé le goût de vivre aux Guaranis, p. 33. — 2. Livre XVII, chapitre IV (de Diderot).

POST-SCRIPTUM

sur l'isle de la Nouvelle-Cythère ou Tayti par

M. COMMERSON
docteur en médecine

embarqué sur la frégate du Roy *La Boudeuse*
commandée par M. de Bougainville [1]

Je reviens sur mes pas pour vous tracer une légère esquisse de cette isle heureuse dont je ne vous ai fait qu'une légère mention dans le dénombrement des nouvelles terres que nous avons vus en tournant le monde. Je lui avois appliqué le nom *d'Utopie* que Thomas MORUS avoit donné à sa République idéale (en le dérivant des racines grecques eus et topos quasi felix locus), je ne scavois pas encore que M. de Bougainville l'avoit nommée la Nouvelle Cythère et ce n'est que bien postérieurement qu'un prince de cette nation que l'on conduit en Europe nous a appris

---

1. Nous avons conservé l'orthographe de ce manuscrit qui se trouve à la Bibliothèque du Muséum (ms. 1927) et que reproduit Taillemite *(op. cit.).* Une copie se trouve à la Bibliothèque nationale (Fonds Margry, n. a. f. 9407, f°146-149) et le *Mercure de France* en a publié une version légèrement remaniée, en novembre 1769 (pp. 197-207 ; B.N. Microfilm M 238, pp. 197-207), sous le titre *Lettre de M Commerson, docteur en médecine, et médecin botaniste du Roi à l'Isle de France, le 25 février 1769. SUR LA DÉCOUVERTE DE LA NOUVELLE ISLE DE CYTHÈRE OU TAITI.*

qu'elle se nommoit Tayti par ses propres habitans. La position en longitude et en latitude est le secret du gouvernement sur lequel je m'impose silence. Mais je puis vous dire que c'est le seul coin de la terre où habitent des hommes sans vices, sans préjugés, sans besoins, sans dissentions. Nés sous le plus beau ciel, nourris du fruit d'une terre féconde sans culture, régis par des pères de famille plutôt que par des rois, ils ne reconnoissent d'autres Dieux que l'Amour. Tous les jours lui sont consacrés, toute l'isle est son temple, toutes les femmes en sont les autels, tous les hommes les sacrificateurs. Et quelles femmes me demanderés-vous ? Les rivalles des géorgiennes en beauté, et les sœurs des grâces toutes nues. Là ni la honte, ni la pudeur n'exercent point leur tirannie, la plus légère des gazes flotte toujours au gré du vent ou des désirs : l'acte de créer son semblable est un acte de religion, les préludes en sont encouragés par les vœux et les chants de tout le peuple assemblé et la fin célébrée par des applaudissemens universels ; tout étranger est admis à participer à ces heureux mistères, c'est même un devoir de l'hospitalité que de les y inviter : de sorte que le bon Utopien jouit sans cesse ou du sentiment de ses propres plaisirs ou du spectacle de ceux des autres. Quelque censeur à double rabat ne verra peut-être en tout cela qu'un débordement de mœurs, une horrible prostitution, le cynisme le plus effronté, mais il se trompera grossièrement lui même en méconnoissant l'état de l'homme naturel né essentiellement bon, exempt de tous préjugés et suivant sans défiance comme sans remords les douces impulsions d'un instinct toujours sûr, parce qu'il n'a pas encore dégénéré en raison.

Une langue très sonore, très harmonieuse, composée d'environ 4 ou 500 mots indéclinables inconjugables, c'est-à-dire sans sintaxe aucune, leur suffit pour rendre toutes leurs idées et pour exprimer tous leurs besoins : noble simplicité qui n'excluant ni les modifications des tons ni la pantomine des passions les garantit de cette superbe buttologie que nous appellons la richesse des langues et qui nous fait perdre dans le labirinthe des mots la netteté des perceptions et la promptitude du jugement. L'Utopien au contraire nomme aussitôt son objet qu'il l'apperçoit, le ton dont il a prononcé le nom de tel objet a déja rendu la manière dont il en est affecté. Peu de paroles font une conversation rapide ; les opérations de l'âme, les mouvemens du cœur sont isochrones avec le remuement des lèvres, celui qui parle et celui qui écoute sont toujours à l'unisson. Notre prince taïtien qui depuis 7 ou 8 mois qu'il est avec nous n'a pas encore appris dix de nos paroles, étourdi le plus souvent de leur volubilité, n'a d'autres ressources que celle de se boucher les oreilles et de nous rire au nez.

Qu'on se garde de soupçonner qu'il ne soit ici question que d'une horde de Sauvages grossiers et stupides : tout chez eux est marqué au coin de la plus parfaite intelligence : des pyrogues d'une construction qui n'a point de modèle connu, leur navigation dirigée par l'inspection des astres, des cases vastes de forme élégante comode et régulière, l'art non pas de tisser fil à fil de la toile mais de la faire sortir subitement toute faite de dessous le battoir, de la colorer de gouttes de pourpre en faveur des femmes de manière que leurs secrets de tous les mois ne soyent jamais trahis, les arbres fruitiers judicieusement espacés dans leurs champs qui ont tout l'agrément de nos vergers sans en avoir l'ennuyeuse symétrie, tous les écueils de leurs côtes balisés et éclairés de nuit en faveur de ceux qui tiennent la mer, toutes leurs plantes connues et distinguées par des noms qui vont jusqu'à en indiquer les affinités, les instruments de leurs arts quoique tirés de matières bruttes dignes cependant d'être comparés aux nôtres par le choix des formes et la sûreté de leurs opérations, tels sont les droits que nous leur connoissons déja à notre estime malgré le peu de tems que nous les avons fréquentés.

Avec quelle industrie ne traitoient-ils pas déjà le fer, ce métal si précieux pour eux qui ne le scavent tourner qu'en des usages utiles ; si vil pour nous qui en avons fait les instruments du désespoir et de la mort. Avec quelle horreur ne repoussoient-ils pas les couteaux et les ciseaux que nous leur offrions parce qu'ils sembloient deviner l'abus qu'on en pouvoit faire, avec quel empressement au contraire ne sont-ils pas venus prendre les dimensions de nos canots, de nos chaloupes, de nos voiles, de nos tentes, de nos barriques

en un mot de tout ce qu'ils ont cru pouvoir avantageuse-
ment imiter.

Pour ce qui regarde la simplicité de leurs mœurs, l'honnêteté de leurs procédés envers leurs femmes surtout, qui
ne sont nullement subjuguées chez eux comme chez les
Sauvages, leur philadelphie entre tous, leur horreur pour
l'effusion du sang humain, leur respect idolâtre pour leurs
morts qu'ils ne regardent que comme des gens endormis,
leur hospitalité enfin pour les étrangers, il faut laisser aux
journaux le mérite de s'étendre sur chacun de ses articles
comme notre admiration et notre reconnoissance le
requièrent.

On a admis leurs chefs à nos repas, tout ce qui a paru
sur les tables a excité leur curiosité, ils ont voulu qu'on leur
rendit raison de chaque plat, un légume leur sembloit bon,
ils en demandoient aussitôt de la graine, en la recevant ils
s'informoient où et comment il falloir la planter, dans combien de tems elle viendroit en rapport.

Notre pain leur a paru excellent mais il leur a fallu montrer le grain dont on le faisoit, les moyens de le pulvériser,
la manière de mettre la farine en pâte, de la faire fermenter
et de la cuire. Tous ces procédés ont été suivis et saisis dans
le détail, le plus souvent même il suffisoit de leur dire la
moitié de la chose, l'autre étoit déjà prévenue et devinée.
Leur aversion pour le vin et les liqueurs étoit invincible ;
hommes sages en tout, ils reçoivent fidèllement des mains
de la nature leurs alimens et leurs boissons, il n'y a chez
eux ni liqueurs fermentées ni pots à cuire ; aussi n'a-t-on
jamais vu vu de plus belles dents ni de plus belle carnation. Il
est domage que le seul homme qu'on puisse montrer de
cette nation en soit peut-être le plus laid. Qu'on se garde
bien d'en juger sur cette montre ; mais si je suis obligé de
le déprécier à cet égard, je lui dois rendre la justice qu'il
mérite d'être étudié et connu à tous autres, individu vraiment intéressant, digne de toutes les attentions du ministère
et auquel il est même dû à titre de justice bien des dédoma-
gemens pour tous les sacrifices volontaires qu'il nous a
faits dans l'enthousiasme de son attachement.

J'entens faire communément une question : scavoir de
quel continent, de quel peuple sont venus ces insulaires ?

Comme si ce n'étoit que d'émigrations en émigrations que les continens et les isles ont dû se peupler ? Comme si on ne pourroit pas, dans l'hypotèse même des émigrations qu'on ne scauroit se dispenser d'admettre de tems en tems, supposer par toutes terres isolées ou continents un peuple primitif qui a reçu et incorporé le peuple émigrant ou qui en a été chassé ou détruit, pour moi, en ne considérant cette question qu'en naturaliste, j'admettrois volontiers partout ces peuples *protoplastes* dont, quelques révolutions phisiques qui soient jamais arrivées sur les différentes parties de notre globe, il s'est toujours conservé au moins un couple sur chacune de celles qui sont restées habitées et je ne traiterois qu'en historien des révolutions humaines toutes les émigrations vraies ou prétendues. Je vois d'ailleurs des races d'hommes très distinctes : ces races mêlées ensemble ont bien pu produire des nuances, mais il n'y a qu'un mythologiste qui puisse expliquer comment le tout seroit sorti d'une souche commune.

Ainsi je ne vois pas pourquoi nos bons Taïtiens ne seroient pas les propres fils de leur terre, je veux dire descendus de leurs ayeux toujours taïtiens en remontant aussi haut que le peuple le plus jaloux de son ancienneté. Je vois encore moins à quelle nation il faudroit faire honneur de la peuplade de Taïti toujours maintenue dans les termes de la simple nature. Une société d'hommes une fois corrompue ne peut jamais se régénérer en entier ; les colonies portent partout avec elles les vices de leur métropole. Que l'on me trouve de l'analogie dans la langue, dans les mœurs, dans les usages de quelques peuples voisins ou éloignés de Taïti et je n'aurai rien à répliquer et encore la question ne seroit-elle que rétorquée et non pas résolue. Je forme seulement une conjecture que je soumets bien volontiers à ceux qui se plaisent à discuter ces sortes de sujets. Je trouve dans la langue taïtienne quatre ou cinq mots dérivés de l'espagnol, entr'autres celui *d'haouri* qui vient évidemment *d'hierro* fer et *matao mate* qui veut dire tuer ou tué. Seroient-ce quelques espagnols naufragés dans les premières navigations de la mer du sud qui leur auroient fourni ce mot en leur donnant la première connoissance de la chose ? Quel nouveau sujet de réflexions ! La langue taïtienne seroit-elle donc aussi glorieuse de n'avoir point eu jusqu'alors de mot propre à exprimer l'action de tuer que les anciennes loix de Lacédémone de n'avoir point prononcé de peine contre le parricide pour n'en avoir pas imaginé la possibilité. Si on m'admettoit cette suposition dont je ne voudrois pourtant pas sans fondement obscurcir une nation que je respecte, j'en tirerois bientôt l'explication de quelques usages et de l'origine de quelques animaux qui me semblent empruntés des Européens.

Ce seroit ainsi qu'une chienne et une truie pleine auroient procuré à cette isle la race des cochons et des petits chiens d'Europe, ce seroit ainsi que l'art de mailler des tramails ou filets à poisson et de les monter comme nous, la pratique de la saignée faite avec des esquilles de nacre éguisée en forme de lancettes, la ressemblance de leurs sièges avec ceux que nos menuisiers font très bas sur quatre pieds et sans dossiers pour les enfans, leurs cordes, leurs lignes, faites de fibres de végétaux, leurs tresses de chevaux *(sic)*, leurs paniers, leurs haches faites en forme d'herminette, leurs ponches ou pagnes passés au col des hommes en forme de dalmatique, leur passion pour les pendans d'oreille et bracelets, et quelques autres usages qui, pris distributivement n'établissent rien, formeroient collectivement une suite d'imitation de modes européennes, enfin le peu de fer échapé au naufrage auroit depuis lors été détruit par la rouille en sorte qu'il n'est pas surprenant que nous n'en ayons pas trouvés les moindres vestiges, mais la tradition et le nom quoiqu'un peu corrompu s'en seroient conservés, si mieux on n'aime supposer qu'une isle éloignée d'environ 100 ou 200 lieues avec laquelle le prince taïtien nous a assuré qu'ils communiquoient ne leur ait donné ces notions sans qu'ils ayent jamais eu aucune communication immédiatte avec les Européens.

Je ne les quitterai pas ces chers Taïtiens sans les avoir lavés d'une injure qu'on leur fait en les traittant de voleurs, il est vrai qu'ils nous ont enlevés beaucoup de choses et cela même avec une dextérité qui ferait honneur aux plus habiles filoux de Paris, mais méritent-ils pour cela le nom de voleurs ? Voyons : quesce que c'est que le vol ? C'est l'enlèvement d'une chose qui est en propriété à un autre : il faut donc pour que ce quelqu'un se plaigne justement d'avoir été volé qu'il lui ait été enlevé un effet sur lequel son droit de propriété étoit préétabli mais le droit de propriété est-il dans la nature ? Non, il est de pure convention or aucune convention n'oblige qu'elle ne soit connue et acceptée et le Taïtien qui n'a rien à lui, qui offre et donne généreusement tout ce qu'il voit désirer ne l'a jamais connu ce droit exclusif : donc l'acte d'enlèvement qu'il vous fait d'une chose qui excite sa curiosité n'est selon lui qu'un acte d'équité naturelle par lequel il vous scait faire exécuter comme il s'éxécuteroit lui-même, c'est l'inverse du talion par lequel on s'applique à soi-même tout le bien qu'on auroit fait aux autres, je ne vois pas l'ombre de vol là dedans. Notre prince taïtien étoit un plaisant voleur, il prenoit d'une main une chose ou un verre ou un biscuit, mais c'étoit pour les donner de l'autre aux premiers des siens qu'il rencontroit en leur enlevant bananes, poules et cochons qu'il nous aportoit. J'ai vu la canne d'un officier levée sur lui comme si on le surprenoit dans cette espèce de supercherie dont on n'ignoroit pas le généreux motif, je me jettai avec indignation entre deux au hazard d'en recevoir la décharge sur moi-même. Telle est l'âme des marins sur laquelle Jean Jacques Rousseau place si judicieusement un point de doute et d'interrogation !

Je joins ici un double de l'inscription que j'ai laissée dans cette isle. Ne l'examinés point avec la scrupuleuse rigueur des critiques en stile lapidaire. Si on y reconnoit seulement l'expression d'une âme touchée et reconnoissante, j'ai rempli le but que je me proposois.

Inscription laissée dans l'isle de Taiti

Bonâ suâ fortunâ
Gallorum navigantium duae cohortes
a clarissimo Buguinvileo ductae
Septimestri a terrarum Americanorum recessu
Penitus exhaustae
Siti scilicet et famae consumptae
irati Neptuni omnes jam casus expertae
viribusque corporis tantum fere deficientes
quantum animis elatae ;
In hanc tandem insulam oppulere,
Omni beatae vitae supellectile ditissimam
re ac nomine utopiam nuncupandam
quo nempe Themis, Astrea, Venus
et omnium bonorum pretiosissima Libertas
Procul a reliquorum mortalium vitiis ac dissentionibus
aeternam inconcussamque posuere sedem
quo inviolata interest habitantibus pax
Sanctissimaque philadelphia
nil aliud sentitur nisi patriarchale regimen
quo demum integerrima debetur et persolvitur
advenis (etiam ingratis) fides hospitalitas
gratuitaque omni gerarum terrae divitiarum profusio
haec gratitudinis et admirationis suae testimonia
tabellis plumbeis undequaque per insulam disjectis properante manu exaravit
Philibertus Commerson ab humbertis
Doctor Medicus, a Rege Christianissimo Botanicus
genti et naturae adeo benignae
adorator perpetuus
Idibus aprillis MDCCLXVIII.

Table

Achevé d'imprimer en janvier 2007 en France sur Presse Offset par

La Flèche (Sarthe).
N° d'imprimeur : 38582 – N° d'éditeur : 81453
Dépôt légal 1re publication : février 1995
Édition 15 – janvier 2007
LIBRAIRIE GÉNÉRALE FRANÇAISE – 31, rue de Fleurus – 75278 Paris cedex 06.